PSYCHOLOGIE

W0070291

Wolfgang Wiedemann ist Diplom-Psychologe und arbeitet am
Klinikum Fürth.

PSYCHOLOGIE

Wolfgang Wiedemann

DUMONT

Impressum

Umschlagvorderseite von links nach rechts und von oben nach unten:
Salvador Dalí, Traum, verursacht durch den Flug einer Biene um einen Granatapfel, eine
Sekunde vor dem Aufwachen, 1944 (© Salvador Dalí. Foundation Gala-Salvador Dalí/
VG Bild-Kunst, Bonn 2005) / Gefühle wie Angst oder Trauer müssen verarbeitet werden
(Foto: picture-alliance/OKAPIA KG, Germany)/ M. C. Escher, Convex and Concave, 1955
(© 2005 The M. C. Escher Company-Holland. All rights reserved.www.mcescher.com) / Besu-
cherin in der Sonderausstellung »Evolution« im Naturhistorischen Museum in Braunschweig
(Foto: picture-alliance/dpa) / Längsschnitte durch das Gehirn (Foto: picture-alliance/OKAPIA
KG, Germany) / Sigmund Freud, 1921 (Foto: picture-alliance/akg-images)

Umschlagrückseite von links nach rechts:
Mutter und Kind (Foto: picture-alliance/Picture Press/Raith, Marina) / Steile Kletterpartie
(Foto: Jo McBride/Stone)

Frontispiz:
Es gibt viele Strategien, um die Angst abzuwehren (Foto: picture-alliance/Picture Press/
Klaus Westermann)

**Für Korrekturlesen und wertvolle stilistische Anregungen und Hinweise
danke ich meiner Frau.**

Bibliographische Information der Deutschen Bibliothek
Die Deutsche Bibliothek verzeichnet diese Publikation in der Deutschen Nationalbibliographie;
detaillierte bibliographische Daten sind im Internet über http://dnb.db.de abrufbar.

Originalausgabe
© 2005 DuMont Literatur und Kunst Verlag, Köln
Alle Rechte vorbehalten
Druck: Rasch, Bramsche
Buchbinderische Verarbeitung: Bramscher Buchbinder Betriebe

Printed in Germany   ISBN 3-8321-7627-6

Inhalt

Inhalt

Inhalt

Psychologie überall

Psychologie berührt viele Bereiche unseres Lebens. Psychologen befassen sich mit einer erstaunlichen Bandbreite von Problemen. Manche sind von allgemeinem Interesse: Welche Erziehungsmethoden machen aus Kindern glückliche und tüchtige Erwachsene? Wie können emotionale Störungen verhindert oder behoben werden? Wie kommt es zu Ausländerfeindlichkeit – oder -freundlichkeit? Welche familiären und sozialen Bedingungen produzieren Aggressivität und Kriminalität?

Andere Fragestellungen sind spezifischer: Was ist die beste Behandlungsmethode für Drogenabhängigkeit oder Übergewicht? Wie muss ein Fragebogen angelegt sein, um die öffentliche Meinung möglichst zutreffend wiederzugeben? Wie gewöhnt man sich das Rauchen ab? Wie lernen Kinder am besten lesen? Wie sollte das Cockpit eines Jumbo-Jets eingerichtet sein, um Bedienungsirrtümer möglichst auszuschließen? Können Blinde durch Eingriffe im Gehirn sehend gemacht werden?

Psychologie beeinflusst unser Leben aber auch indirekt. Sie übt Einfluss auf Gesetzgebung und Politik aus. Hinter Maßnahmen von Gleichstellung der Geschlechter, Strafvollzug, Pornographie oder Strafrecht stehen immer auch psychologische Theorien über das Wesen des Menschen, die Struktur der Persönlichkeit, über Veranlagung und Verantwortung. So galt z. B. noch vor 40 Jahren Homosexualität als abnormal und krankhaft, während sie inzwischen zu den gängigen Spielarten sexueller Aktivitäten zählt.

Psychologen interessieren sich für alles mögliche und unmögliche: Ob mit oder ohne Hypnose das Abnehmen leichter fällt (mit; aber genauso gut gegen Übergewicht ist, sich zu verlieben, jedenfalls wenn man eine Frau ist: Verliebte Frauen nehmen nach einer englischen Studie in einer Woche bis zu drei Kilo ab), nach welchen Gesetzmäßigkeiten Menschen trauern, oder was Menschen bewegt, sich bizarrste Bilder auf den Körper tätowieren oder sich Zunge, Bauchnabel oder intimere Körperteile piercen zu lassen. Psychologen versuchen herauszufinden, warum wir Texte verstehen, auch wenn sie unleserlich sind, z. B. den Satz »Es kmmot auf die Vrpunekacg an«. Oder welche Auswirkungen Telearbeit auf die Familie hat. Warum Streit unter Paaren häufig eskaliert, und warum Männer und Frauen so verschieden sind.

Psychologie berührt viele Bereiche unseres Lebens und versucht, Erklärungen für unser Verhalten zu finden.

Psychologen finden vieles heraus: zum Beispiel dass bei Eltern das Geschrei von Kindern stärkere Gehirnreaktionen auslöst als bei Nicht-Eltern, dass wir uns bis zum Alter von anderthalb Jahren zurückerinnern können und dass man Menschen mit Schizophrenierisiko durch Geruchtests ausfindig machen kann. Auch Kurioses ist dabei: Ein Abschiedskuss am Morgen trägt zur Verkehrssicherheit bei. Orthopäden fluchen während Operationen am meisten, es folgen Chirurgen und Urologen, fand man in England heraus. Trotzdem: Für 81 Prozent der Deutschen sind Ärzte der angesehenste Berufsstand. Es folgen Pfarrer (44 %) und Apotheker (39 %). »Quickies«, ergab eine Umfrage unter Hausfrauen, finden am häufigsten unter der Dusche statt (55 %), gefolgt von den folgenden Lokalitäten: in der Badewanne (53 %), beim Fernsehen (52 %), in der Küche (24 %) und beim Bügeln (15 %), aber was hat diese Reihenfolge zu bedeuten? Und warum kommen Frauen im Leben auf 1,4 Stunden Orgasmus, während Männer stolze 9,3 Stunden vorweisen können, wie BILD im Sommerloch vom 7. August 2004 meldet. Liegt es am Körperbau, der Evolution, der Zeitmessung oder an der Psyche?

Wie messen, was es nicht gibt?

Das alles hat mit der Seele zu tun, denn der Forschungsgegenstand der Psychologen, nimmt man es genau mit der Bezeichnung, ist die Psyche, was schlicht die Seele auf Griechisch ist. Damit hat die Psychologie zwei Probleme, mit denen sie seit ihrem Bestehen kämpft: Erstens weiß niemand so genau, was die Seele – oder Psyche – ist; zweitens ist nicht klar, wie man die Seele erforschen soll. Forschungsgegenstand und Forschungsinstrumente sind also unbekannt und umstritten.

Wissenschaft hat meistens etwas mit Messen zu tun: wie groß? Wie schwer? Wie oft? Wie lang? Wie viel? All diese Fragen gehen bei der Seele ins Leere. Man kann ihr kein Metermaß anlegen, man kann sie nicht wiegen, man kann sie nicht fotografieren. Kann man sie vielleicht riechen, wie man Angst riechen kann, und was bedeutet es, wenn wir sagen: »Ich kann ihn nicht riechen?«

Zugänge zur Seele

Die moderne Psychologie versucht, die Seele, oder Psyche, das unbekannte Wesen, von verschiedenen Seiten her zu erkunden.

Nehmen wir an: Jemand geht über die Straße. Man kann dies unter dem Aspekt beschreiben, wie die Nerven elektromagnetische Impulse an die Muskeln weitergeben, so dass sich die Beine bewegen und die Person über die Straße transportieren. Aber man kann den Vorgang auch beschreiben, ohne zu berücksichtigen, was im Körper passiert. Die grüne Ampel ist ein Stimulus, ein Reiz, auf den die Person reagiert, indem sie die Straße überquert. Oder man kann sich fragen, welche Motive und Ziele in einem Menschen aktiv sind, die ihn veranlassen, sich über die Straße zu bewegen: vielleicht ist er unterwegs, seinen Freund zu besuchen oder auf der Flucht vor einem Verfolger oder gar dabei, sich umzubringen? Und schließlich könnten wir uns wundern, wie dieser Mensch die Überquerung der Straße erlebt: als lästig oder belebend, beflügelnd oder belanglos.

Wenn wir diesen Fragen weiter nachgehen, stoßen wir auf fünf grundlegende psychologische Ansätze.

Wie Gehirn und Gene funktionieren:
Neurobiologie und Evolutionspsychologie

Das menschliche Gehirn ist mit seinen 12 Millionen Nervenzellen und unzähligen Verbindungen und Vernetzungen wohl eine der komplexesten Strukturen, die wir kennen. Im Prinzip hat alles, was wir erleben, denken, tun und fühlen seine Entsprechung in Hirnaktivitäten und im Nervensystem – im Zusammenwirken mit anderen Körpersystemen.

Der neurobiologische Ansatz konzentriert sich auf die Prozesse, die im Gehirn und im Nervensystem vorgehen, und versucht zu erforschen, wie diese Prozesse mit unserem Verhalten und unserem Erleben zusammenhängen. Wenn etwa ein Psychologe untersucht, wie Lernen vor sich geht, und dabei den neurobiologischen Zugang wählt, wird er herausfinden wollen, welche Veränderungen im Nervensystem festzustellen sind, wenn jemand Vokabeln, Telefonnummern oder ein neues Computerspiel lernt. Wie wir unsere Umwelt wahrnehmen, kann untersucht werden, indem man die Aktivität der Nervenzellen im Gehirn aufzeichnet und misst (hier kann man endlich etwas mes-

Alles, was wir erleben, denken, tun und fühlen hat seine Entsprechung in Aktivitäten des Gehirns.

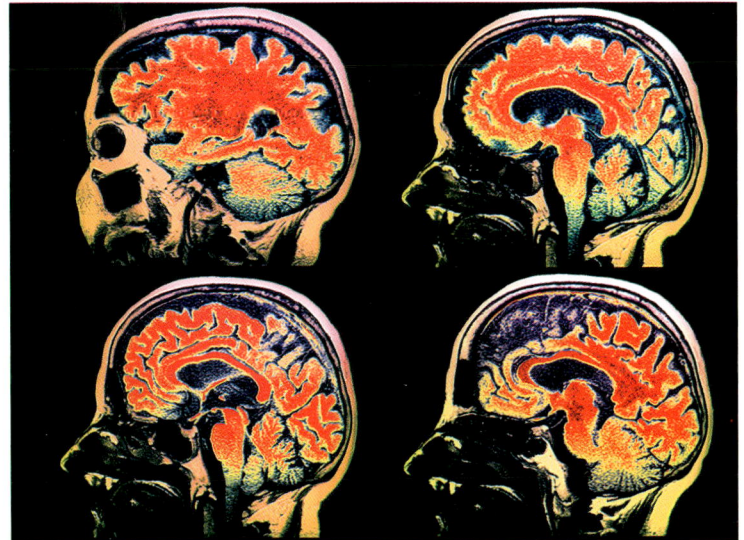

sen!), wenn vor dem Auge einfache Linien-Muster sichtbar sind.

Es hat sich inzwischen gezeigt, dass eine enge Verbindung zwischen Gehirntätigkeit und Verhalten und Erleben besteht. Emotionen wie Angst oder Wut konnten bei Tieren und Menschen aktiviert werden, wenn man bestimmte Regionen im Gehirn leichten elektrischen Reizen aussetzte. Da das Gehirn äußerst komplex strukturiert ist und Versuche an Menschen nur sehr begrenzt möglich sind, steht die neurobiologische Psychologie erst in den Anfängen – die allerdings vielversprechend sind.

Einen ähnlichen biologisch orientierten Zugang zur Erklärung menschlichen Verhaltens beschreitet neuerdings die Evolutionspsychologie. Sie nimmt die Evolutionstheorie von Charles Darwin auf, die davon ausgeht, dass sich biologische Mechanismen im Laufe der vielen Millionen Jahre der Entwicklung des Lebens durch den Prozess der natürlichen Selektion herausgebildet haben, die das Überleben und die Fortpflanzung sicherten; analog haben sich psychische Mechanismen für dieselben Zwecke entwickelt: oberstes Ziel allen Verhaltens ist die optimale Weitergabe der eigenen Gene. Damit wird zum Beispiel erklärt, warum Männer hinter dem Schreibtisch sitzen und Frauen am Herd stehen, und warum ältere Männer jüngere Frauen heiraten und nicht umgekehrt.

Verhaltenspsychologie – wie wir handeln

Es wäre viel einfacher, man könnte das Gehirn oder die Gene oder die Seele einfach außer Acht lassen, und sich auf etwas Einfacheres konzentrieren, und diesen Ansatz haben die Verhaltenspsychologen gewählt, mit erstaunlichen Ergebnissen.

Essen, Radfahren, Erzählen, Erröten, Lachen, Weinen – all das sind Verhaltensweisen, die beobachtet werden können. Und allein das, was man beobachten und messen kann, interessiert den Verhaltensforscher; die »seelischen« Vorgänge, die im Inneren des Menschen ablaufen, sind für ihn nicht relevant – jedenfalls nicht wissenschaftlich relevant. Diese Position hat als erster der amerikanische Psychologe John B. Watson Anfang des 20. Jahrhunderts vertreten. Die Psychologie vor Watson hatte mentale Erlebnisse oder Aktivitäten erforscht, und zwar vor allem durch Selbstbeobachtung und Introspektion. Forschungsinstrument war sozusagen die Wahrnehmung und Aufzeichnung der eigenen Gedanken und Gefühle. Die frühen Psychologen hofften, durch geschulte Introspektionsfähigkeit dem Geheimnis der Seele auf die Spur zu kommen.

John B. Watson (1878–1958), der Begründer des Behaviorismus.

Watson bezog den Standpunkt, dass das zu nichts führte, auf jeden Fall zu nichts, was wissenschaftlich vertretbar wäre. Ihm und seinen Kollegen ging es darum, eine wissenschaftliche Psychologie zu etablieren, und wissenschaftlich hieß zu seiner Zeit »naturwissenschaftlich«, und das bedeutete: die Daten, mit denen man arbeitet, müssen beobachtet und gemessen werden können – objektiv.

Wahrnehmungen, Eindrücke und Gefühle kann man nur selber – subjektiv – an sich beobachten oder in sich spüren, aber das Verhalten können auch objektive Beobachter sehen und in messbaren Daten ausdrucken. Watson forderte, dass wissenschaftlich objektive Psychologie sich nur auf das beobachtbare Verhalten beschränken darf.

Der Behaviorismus – von »behavior«, Verhalten – wurde das Markenzeichen der wissenschaftlichen Psychologie, die die Universitäten im Sturm eroberte. An der Harvard University nahm B. F. Skinner den Ansatz Watsons auf und trieb ihn auf die Spitze mit seiner Stimulus-Response (Reiz-Reaktions) Psychologie, kurz »S-R psychology«. Sie untersucht die Reize (etwa das 12-Uhr Läuten), die Verhalten bewirken (z. B. dass einem das Wasser im Mund zusammenläuft) oder die Belohnungen (Gehaltserhöhung, Lob) oder Bestrafun-

Burrhus Frederic Skinner (1904–1990) prägte den Begriff der Stimulus-Response-Psychology.

gen (Gehaltskürzung, Kritik), die Verhaltensweisen (Arbeitsleistung) aufrechterhalten, und die Verhaltensänderungen, die sich einstellen, wenn man Belohnungen und Bestrafungen unterschiedlich dosiert oder arrangiert.

S-R-Psychologie kümmert sich überhaupt nicht darum, was in der Psyche vor sich geht. Der Mensch wird als »schwarze Schachtel« (»black box«) gesehen; Vertreter dieser Richtung bestehen darauf, dass wissenschaftlich nur festgestellt werden kann, was in die Schachtel hineingeht (Reiz) und was aus ihr herauskommt (Reaktion) – was im Hirn und in den Nerven vor sich geht, ist nicht Gegenstand der Forschung. Damit ist es z. B. durchaus möglich, eine Lerntheorie zu entwickeln: Man beobachtet einfach, wie Verhalten sich durch äußere Bedingungen verändert. Man kann die Reizbedingungen und die Anordnung von Belohnung und Bestrafung so gestalten, dass jemand so schnell wie möglich mit einem Minimum an Fehlern etwas lernt. Dazu ist es nicht nötig zu wissen, was im Gehirn und Nervensystem vor sich geht.

Verhaltenspsychologen bestreiten nicht, dass Menschen bewusste Erfahrungen machen, sich ärgern, ängstigen, sich freuen oder aufregen. Aber diese Erfahrungen sind rein subjektiv und der wissenschaftlichen Psychologie nicht zugänglich.

Dies ist natürlich eine Extrem-Position, die in Reinkultur kaum mehr vertreten wird. Dass der Mensch ab und zu denkt, ist den Verhaltenspsychologen nicht entgangen, ebenso wenig, dass sein Verhalten irgendwie mit seinem Denken zusammenhängt und umgekehrt. Man betrachtet deshalb Denken als mentales Verhalten – oder kognitives Verhalten – und schon ist es wieder wissenschaftlich fassbar.

Zwischen dem Reiz und der Reaktion gibt es noch eine Art Vermittlungsstelle. Nicht jeder Mensch reagiert auf Lob positiv, oder gleich positiv, und was die einen als Lob sehen, erleben die anderen als Sarkasmus, Hohn, Verarschung, Beleidigung oder Anmache. Hier setzen die kognitiven Psychologen an.

Kognitive Psychologie – wie wir denken

Kognitive Psychologen gehen davon aus, dass wir nicht nur passive Empfänger von Reizen sind, sondern dass wir Informationen empfangen, verarbeiten und in neue »Daten« verwandeln. Jedes der hier geschriebenen Worte besteht aus einer Ansammlung von schwarzen Punkten. Dies sind physikalische Reize. Aber die Sinnesdaten, die dem visuellen System eingefüttert werden, bilden ein Muster von Lichtstrahlen, die vom Papier zum Auge gehen. Diese eingegebenen visuellen Eindrücke werden Prozessen des Nervensystems unterzogen, durch die Information entsteht, die ins Gehirn geht und schließlich dazu führt, dass man nicht nur schwarze Punkte sieht, sondern Wörter, die man liest, versteht und vielleicht erinnert. Eine Unmenge Transformationen laufen zwischen dem Reiz und dem Sehen, Lesen und Verstehen ab. Dabei geht es nicht nur um die Transformation von Lichtstrahlen in Bilder (Buchstaben), sondern auch um Prozesse, die diese Bilder mit anderen aus der Erinnerung vergleichen. Hätten wir noch nie vorher ein Buch gesehen oder lesen gelernt, würde der Reiz – die schwarzen Punkte auf dem Papier – wahrscheinlich zu völlig anderen Reaktionen führen.

Kognitive Psychologie befasst sich damit, wie Sinneseindrücke verarbeitet werden, wie wir Sinneseindrücke in Informationen verwandeln, die wir im Gedächtnis behalten und – manchmal – erinnern. Es geht um Wahrnehmung, Vorstellungsvermögen, Problemlösung, Erinnerung und Denken – alles »Kognitionen«, die zwischen Reiz und Reaktion wirksam werden können.

Die kognitive Psychologie entwickelte sich teilweise als Reaktion gegen die Einseitigkeit der frühen Reiz-

Reaktions-Psychologie. Das Reiz-Reaktions-Schema erklärt ergreifend schlicht sehr einfache Formen von Verhalten, lässt allerdings die interessanten Dinge, die in unserem Kopf, in dieser »black box«, vorgehen unberücksichtigt. Es ignoriert die Tatsache, dass Menschen denken, planen, Entscheidungen treffen können – auf der Basis von erinnerter Information; außerdem wählen sie aus, auf welche Reize sie reagieren (möchten).

Der Behaviorismus lehnte die subjektive Erforschung von psychischen Vorgängen ab, um aus der Psychologie eine (Natur-)Wissenschaft zu machen, die auf objektiven beobachtbaren Daten basiert. Die kognitive Psychologe will mentale Vorgänge untersuchen – und dies auch auf eine objektive und wissenschaftliche Weise.

Man hat die strenge Reiz-Reaktions-Psychologie hin und wieder mit einer telefonischen Schaltzentrale verglichen: Der Reiz geht hinein, und nach einer Reihe von Querverbindungen und Regelkreisen im Gehirn kommt die Reaktion heraus. Kognitive Psychologie kann mit einem Computer verglichen werden, einem modernen Datenverarbeitungssystem. Informationen treffen ein und werden auf verschiedene Weisen verarbeitet – gesammelt, mit schon gespeicherter Vorinformation verglichen, transformiert, neu arrangiert usw. Die Reaktion, die herauskommt, hängt von diesen inneren Informationsverarbeitungsprozessen ab.

Nun ist allerdings zweifelhaft, ob Menschen immer so vernünftig funktionieren, wie Kenneth Craik es voller Optimismus beschreibt. Manchmal scheint unser »Computer« abzustürzen, weil noch ganz andere Kräfte am Werk sind, von denen wir nichts wissen. Deshalb nennen wir sie »unbewusst«. Dieser Ansatz wurde von Sigmund Freud entwickelt.

Mit einem Computer, der ein mentales Modell der Außenwelt konstruiert, vergleicht der englische Psychologe Kenneth Craik (1914–1945), einer der Väter der kognitiven Psychologie, das Gehirn: »Wenn der Organismus ein Mini-Modell der äußeren Wirklichkeit und seiner eigenen Möglichkeiten im Kopf trägt, ist es ihm möglich, verschiedene Alternativen auszuprobieren, die besten herauszufinden, auf künftige Situationen zu reagieren bevor sie entstehen, die Erfahrung der Vergangenheit für die Zukunft zu nutzen, und in jeder Beziehung auf Herausforderungen umsichtiger, sicherer und kompetenter zu reagieren.«

Die psychodynamische Psychologie – was uns motiviert und treibt

Während in den USA Watson im Experimentierraum die »black box« erfand, deren mysteriöser Inhalt ihn nicht interessierte, und der Behaviorismus erblühte, saß ein Wiener Jude namens Sigmund Freud hinter der Couch und lauschte, welche neuen Töne aus der »black box« kamen, dem Unbewussten. Der psychoanalytische oder psychodynamische Ansatz verlässt das Labor und sucht Erkenntnisse über das, was Menschen bewegt, zu sein wie sie sind und zu tun was sie tun, durch Einzelfallstudien, aber auch durch Introspektion zu gewinnen.

Sigmund Freud (1856–1939), der Begründer der Psychoanalyse.

Die Grundannahme in Freuds Theorie besagt, dass viel von unserem Verhalten das Ergebnis von unbewussten psychischen Seelen-Kräften (deshalb »psychodynamisch«) ist. Damit meinte Freud zum Beispiel Gedanken, Ängste und Wünsche, die uns nicht bewusst sind, die aber dennoch – oder gerade deshalb – unser Verhalten bestimmen. Er glaubte, dass viele der Impulse, die in der Kindheit von Eltern oder anderen Autoritätspersonen verboten oder bestraft wurden, von angeborenen »Trieben« stammen. Weil diese Impulse angeboren sind, üben sie einen nachhaltigen Einfluss aus und müssen irgendwie gesteuert werden. Verbote verjagen sie aus dem Bewusstsein ins Unbewusste, wo sie weiter ihr Unwesen treiben und unser Verhalten beeinflussen. Nach Freud manifestieren sich unbewusste Impulse in Träumen, Versprechern, Macken und neurotischen Symptomen, aber auch in angesehenen »Sublimationen« wie Kunst, Literatur und Wissenschaft.

Zugänge zur Seele

Das Arbeitszimmer von Sigmund Freud mit der berühmten Couch.

Freud war »Determinist«, d. h., er ging davon aus, dass unser Verhalten immer eine Ursache hat, aber die Ursache liegt oft in unbewussten Motiven und weniger in der bewussten Vernunft. Freuds Sicht von der menschlichen Natur war ziemlich pessimistisch. Er meinte, wir seien von denselben Trieben beherrscht wie die Tiere, vornehmlich Sex und Aggression, und lägen ständig im Kampf mit der Kultur oder Gesellschaft, die diese Triebe kontrolliert sehen will. Da er die Aggression als grundständigen Trieb annahm, sah er wenig Chancen auf eine friedvolle Zukunft für die Menschheit; im Ergebnis hat er damit wohl nicht ganz Unrecht – wenn sich auch seine Begründungen als nicht ganz zutreffend herausstellen sollten.

Die phänomenologische Psychologie – wie wir etwas erleben

Die Verhaltenspsychologie und die Psychoanalyse haben eines zumindest gemeinsam: sie sind relativ mechanistisch. Sie glauben, dass Menschen entweder durch äußere Reize oder durch unbewusste Kräfte kontrolliert werden. Dagegen rebellierte eine psychologische Richtung, die in den 70er Jahren des vorigen Jahrhunderts erblühte: die phänomenologische, humanistische oder subjektivistische Psychologie.

Ihr Interesse ist ganz auf das subjektive Erleben einer Person gerichtet. Sie fragt danach, wie jemand etwas wahrnimmt und Ereignisse deutet – also nach der individuellen Phänomenologie. Phänomene werden vom Standpunkt dessen, der sie erlebt, verstanden, und wie er sie erlebt – ohne theoretische und konzeptionelle »Dogmen«. Phänomenologisch orientierte Psychologen sind überzeugt, dass wir mehr über die menschliche Natur herausfinden können, wenn wir erforschen, wie Menschen sich und ihre Welt wahrnehmen, als wenn wir ihr Verhalten beobachten. Zwei Personen können sich in derselben Situation völlig unterschiedlich verhalten; nur wenn wir fragen, wie jeder die Situation für sich wahrnimmt, deutet und beurteilt, können wir ihr Verhalten wirklich verstehen. Nach dieser Vorstellung wird der Mensch nicht durch unkontrollierbare Kräfte gesteuert, er steuert seine Geschicke selbst. Es geht, philosophisch gesprochen, um den Konflikt zwischen Determinismus und freiem Willen.

Die bisherigen Ansätze legen auf die wissenschaftliche Methode großen Wert. Sie versuchen, die entscheidenden psychologischen Variablen zu ermitteln und benützen sie, um Verhalten vorherzusagen oder zu kontrollieren. Ganz anders die Phänomenologen: Ihnen geht es nicht um Prognose und Kontrolle. Sie wollen das innere Erleben der Menschen und ihre Erfahrungen kennen lernen. Sie gehen davon aus, dass sich zwar das Verhalten von Tieren voraussagen lässt und dass es durch äußere Faktoren kontrollierbar ist, aber beim Menschen ist das anders: Sein Verhalten hängt vorrangig davon ab, wie er seine Welt wahrnimmt.

Wie nehmen Menschen sich selbst und ihre Umwelt wahr? Was muss passieren, damit der Drang nach Freiheit und Toleranz in Zynismus und Gewalt endet?

Manche phänomenologischen Theorien werden auch als »humanistisch« bezeichnet, weil sie sich auf das konzentrieren, was Menschen von den Tieren unterscheidet – vor allem der freie Wille und das Streben nach Selbstverwirklichung. Folgt man humanistischen Theorien, sind Menschen vor allem durch den Drang nach Wachstum und Selbstverwirklichung motiviert. Jeder hat ein Grundbedürfnis, seine Möglichkeiten – sein Potenzial – möglichst umfassend zu verwirklichen. Auch wenn wir daran durch alle möglichen kulturellen und gesellschaftlichen Gegenkräfte gehindert werden, ist doch in jedem das Bestreben, sein Potenzial zu aktualisieren. Manche Humanisten gehen so weit, die wissenschaftliche Psychologie völlig abzulehnen, weil sie bestreiten, dass deren Methoden irgendetwas Sinnvolles über den Menschen aussagen können.

Humanistische Psychologie war eine Gegenbewegung gegen die Dominanz einer isolierten Labor-Psychologie. Ihr war daran gelegen, zu erforschen und zu beschreiben, was Menschen wirklich bewegt und was sie in ihrer seelischen Gesundheit voranbringt. Wir werden sehen, dass ein solch extremes Entweder–Oder zwischen wissenschaftlichem Arbeiten und wirklichem menschlichem Erleben weder nötig noch sinnvoll ist.

Die Ansätze ergänzen sich

Wir werden die einzelnen Richtungen noch näher kennen lernen. Jedes Phänomen, das psychologisch verstanden werden will, kann von verschiedenen Blickwinkeln aus untersucht werden. Wenn es zum Beispiel um Aggression geht, wird der hirnphysiologisch orientierte Psychologe wissen wollen, welche Teile des Gehirns aktiv werden, wenn jemand wütend wird. Ein Verhaltenspsychologe mag sich fragen, welche Lernerfahrungen dazu beitragen, dass ein Mensch aggressiver wird als ein anderer. Er wird die Reize und die Reiz-Situationen herausfinden wollen, die aggressives Verhalten auslösen. Kognitive Psychologen erforschen, wie Menschen gewisse Ereignisse wahrnehmen – als bedrohlich oder beleidigend – und wie diese Wahrnehmungen durch Informationen verändert oder korrigiert werden können. Ein Psychoanalytiker wird zum Verständnis der Aggressivität die frühkindlichen Erfahrungen ergründen – wie Aggression von Kindesbeinen an unterdrückt, verboten, gefördert oder kontrolliert wurde. Und der humanistisch orientierte Psychologe wird den Blick darauf richten, wie das Bedürfnis nach Selbstverwirklichung blockiert wird, so dass Aggression entsteht.

Jeder Ansatz schlägt für eine angestrebte Veränderung – z. B. von aggressivem Verhalten – unterschiedliche Methoden oder »Behandlungen« vor. Ein Neurobiologe wird zu biochemischen Substanzen und Medikamenten zur Kontrolle der aggressionsauslösenden Vorgänge im Gehirn greifen oder neurochirurgische Eingriffe erwägen. Der Verhaltenspsychologe wird ein Lernprogramm entwickeln, das nichtaggressive Verhaltensweisen fördert und belohnt. Lernpsychologen werden ähnlich vorgehen, aber sich mehr auf die kognitiven Prozesse konzentrieren, die ablaufen, wenn jemand aggressiv wird, und daran arbeiten, dass Situationen, die aggressives Verhalten auslösen, anders wahrgenommen werden können. So kann etwa die einfache Frage des Ehemannes, der von der Arbeit kommt, wann es denn Essen gebe, verschiedene Reaktionen bei seiner Frau auslösen, je nachdem, wie sie die Frage auffasst: ob als Wunsch nach Information oder als Vorwurf, dass noch kein Essen auf dem Tisch steht. Je nach »Kognition« wird ihre Reaktion auf seine unschuldige Frage mehr oder weniger aggressiv ausfallen. Der Psychoanalytiker wird herausfinden wollen, wem das aggressive Verhalten unbewusst gilt – ob vielleicht der Ehemann unbewusst als Vater wahrgenommen wird – und Wege suchen, wie die Aggression auf anderen Kanälen auf andere Ziele umgelenkt werden kann. Der humanistische Psychologe wird vorschlagen, die Rollenverteilung so zu ändern, dass sich beide Personen in unserem Beispiel besser selbst verwirklichen können und damit zufriedener werden.

Von allen Säugetieren braucht das »Säugetier Mensch«
am längsten, um erwachsen zu werden, d. h., um sich
selber ernähren und durchs Leben bringen zu können.
Während Affen mehrere Monate von ihren Müttern ab-
hängig bleiben, sind es bei Menschenaffen bis zu 2
Jahre, und die Menschenkinder benötigen noch viele
Jahre mehr, in denen sie eine Menge lernen müssen.

**Nature versus nurture –
angeboren oder anerzogen?**

In der Entwicklungspsychologie tobte über viele Jahrzehnte ein ideologischer Krieg – »nature versus nurture« – d. h., es geht um die Frage: ist Verhalten oder
Charakter angeboren oder anerzogen? Inzwischen hat
man sich vom Entweder-Oder auf ein Sowohl-als-auch
verständigt. Erbanlagen und Umwelteinflüsse wirken –
oft auf komplexe und nicht immer verstandene Weise
– zusammen, um aus einem Menschen das zu machen, was er ist.

Sehr vereinfacht könnte man sagen: der Mensch ist
wie eine Waschmaschine, in der ein Programm ab-
läuft. Mit einem Jahr – durchschnittlich – kann ein
Kind allein stehen und fängt an, laufen zu lernen, spä-
testens mit drei wird es »sauber« sein und mit 18 den
Führerschein machen. In früheren Jahren gab es dra-
matische Familienszenen um den »Topf«, und stolze
Mütter verkündeten, dass ihre Kinder mit einem Jahr
schon »sauber« waren. Diese mütterliche Topf-Olym-
piade ist inzwischen weitgehend aus der Mode gekommen; der Wettkampf hat sich von hinten nach vorne
entwickelt: moderne Mütter sind stolz, wenn ihr Kind
mit einem Jahr sprechen kann.

Aber die Natur hat dem elterlichen Eifer Grenzen
gesetzt: Selbst pränatale Maßnahmen vermögen nicht,
ein Kind vor seinem ersten Geburtstag dazu zu bringen, in zusammenhängenden Sätzen zu sprechen.
Wichtig ist allerdings, dass mit Kindern gesprochen
wird: Wenn niemand mit einem Kind spricht, wird es
nicht überleben können oder schwere Entwicklungs-
schäden und psychische Störungen davontragen. Man

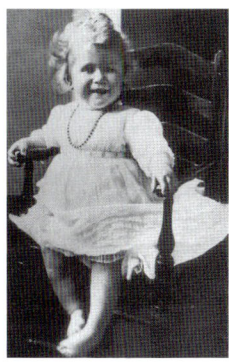  

fasst diese Schäden unter dem Begriff »Hospitalis-
mus« zusammen, ein Phänomen, das der Psychologe
Rene Spitz entdeckt, untersucht und so benannt hat.

Es gibt Neugeborene, die »von Natur aus« aktiv sind
und mit wenig Schlaf auskommen. Andere sind nicht
aus der Ruhe zu bringen, schlafen wie die Murmeltiere
und sind schon in der Wiege »stille Wasser«. Nacht-
eulen und Frühaufsteher werden geboren, nicht erzo-
gen. Es gibt wohl eine Anlage zur Bewegung, aber ob
sich der Bewegungsdrang in sportlichen Spielen oder
in Prügeleien auslebt, dürfte wieder eine Frage der
äußeren Einflüsse sein und von der Erziehung mit ab-
hängen. So ist zum Beispiel bei den Utku-Eskimos in
Alaska Aggressivität unschicklich. Wenn ein Kind zwei
oder drei Jahre alt ist, beginnen die Eltern, aggressives
Verhalten ihrer Kinder zu ächten, d. h. sie achten einfach nicht darauf. Diese Erziehungsmethode scheint
ziemlich wirksam zu sein, denn man kann unter älteren Utku-Kindern kaum aggressives Verhalten feststellen. In den USA, so weiß man, hängt die Aggressivität
von Kindern zum Teil vom sozialen Umfeld ab, in dem
sie aufwachsen und teils von ihrer Familie. Kinder aus
sehr armen Familien sind – im Durchschnitt – aggressiver als Kinder der Mittel- oder Oberschicht. Aber wie
sich die Aggressivität ausdrückt – durch Prügeln,
Schreien, Rückzug oder Diskutieren – hängt vom Vor-
bildverhalten der Eltern ab und davon, was sie durch
ihre Erziehungsmethoden fördern oder verhindern.

Angeboren oder anerzo-
gen? Erbanlagen und
Umwelteinflüsse wirken
zusammen, um aus ei-
nem Menschen das zu
machen, was er ist.

Die Fähigkeit zu laufen ist angeboren, sie entwickelt sich nach einem festgelegten Zeitplan.

Reifen Menschen wie die Pflaumen? Das Konzept der Reifung

Wir gebrauchen den Begriff der »Reifung«, um deutlich zu machen, dass menschliches Verhalten weitgehend von genetischen Faktoren bestimmt ist. Dieses Konzept wird sehr gut durch die pränatale Entwicklung veranschaulicht: Der Fötus entwickelt sich weitgehend unabhängig von der Außenwelt nach einem vorgegebenen, »angeborenen« Zeitplan. Wenn das Kind zu früh geboren wird, wird es sich – etwa ab der 26. Woche ist dies möglich – in einem Brutkasten normal weiter entwickeln. Natürlich kann diese Entwicklung gestört werden – durch Krankheit der Mutter, wie z. B. Röteln, oder durch Drogen, wozu auch Nikotin und Alkohol zählen.

Wenn die Umweltbedingungen nicht zu störend sind, werden Kinder selbst aus unterschiedlichen Kulturen besonders in den ersten Jahren in etwa in den gleichen Entwicklungsschritten »heranreifen«. Die einen werden etwas »früher dran« sein, die andern sind Spätentwickler, und manche werden schon als Senkrechtstarter geboren. Aber im Großen und Ganzen ergibt sich bei allen individuellen Abweichungen doch ein einheitliches Bild.

Laufen lernen

Kinder müssen das Laufen nicht wirklich »lernen«. Die Fähigkeit dazu entwickelt sich nach einem relativ festen Schema, wenn auch mit kleinen individuellen Abweichungen:

2 Monate	Kopf heben
3 Monate	vom Bauch auf den Rücken rollen
4 Monate	Sitzen mit Unterstützung
6 Monate	alleine sitzen, mit Unterstützung stehen
9 Monate	mit Unterstützung laufen
10 Monate	Krabbeln und Kriechen
11 Monate	alleine stehen
12 Monate	alleine laufen

Der kompetente Säugling

Lange Zeit nahm man an, Säuglinge seien völlig passive Wesen, die den Tag nur verschlafen, zwischendurch gefüttert werden, damit sie aufhören zu schreien, und weiterschlafen. Die psychologische Forschung hat – mit neuen technischen Mitteln wie Video-Beobachtung – gezeigt, dass die Kleinen schon von Anfang an recht aktiv sind. Mit zwei Tagen, so konnte man nachweisen, können sie schon verschiedene Geschmacksrichtungen unterscheiden: obwohl noch zahnlos, zeigen sie schon einen »süßen Zahn«. Sie lutschen lieber Süßes als Salziges, Bitteres oder Fades. Und sie sind schon in der Lage, unterschiedliche Grade von Süßigkeit zu unterscheiden. Normalerweise schlucken Säuglinge wie durstige Erwachsene: ein paar heftige Züge bis zur Erschöpfung, dann Pause. Wenn Säuglingen süße Flüssigkeit durch einen Schnuller gegeben wird, machen sie mehr Züge pro Minute, saugen stärker und legen weniger Pausen ein, als wenn sie nur mit Wasser oder weniger süßen Flüssigkeiten versorgt werden. Mit der Verdopplung des Zuckergehaltes ist eine Verdopplung des Zungendruckes am Schnuller festzustellen. Der »süße Zahn« ist also angeboren, nicht anerzogen. Ähnliches gilt auch für Gerüche: Säuglinge können sie unterscheiden und mögen lieber süße Düfte als saure oder scharfe. Und nach ein paar Tagen schon können sie wichtige Gerüche unterscheiden. sie neigen ihren Kopf zu der Seite, wo die Milch ihrer Mama duftet und ignorieren die Milchdüfte fremder Mütter.

Schon nach zwei Tagen sind Neugeborene in der Lage, verschiedene Geschmacksrichtungen zu unterscheiden.

Und auch die Neugierde ist wohl angeboren: Wenn Babys einen neuen Ton wahrnehmen, hören sie vorübergehend auf zu trinken. Wenn derselbe Ton immer wieder kommt, trinken sie wieder weiter. Wird aber der Ton

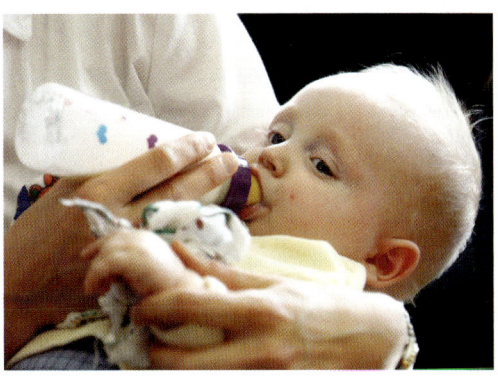

geändert, hören sie wieder auf zu trinken, um die »Neuigkeiten« zu erfahren.

Neugeborene können auch schon einem Gegenstand, der sich vor ihnen bewegt, mit den Augen folgen; aber erst nach einem Monat ungefähr fokussieren sich ihre Linsen darauf.

Niemals mehr im Leben lernen wir schneller als in den ersten beiden Lebensjahren. Sitzen, Greifen, Krabbeln und Gehen ist nur dadurch möglich, dass Muskeln, Nerven, Hirn und andere Körperteile reifen. Alle Babys können das ohne Schulung. Aber Psychologen haben natürlich schon immer versucht herauszufinden, ob äußere Einflüsse diese Reifungsprozesse fördern oder hindern, beschleunigen oder verzögern können.

Unterhalt und Unterhaltung: Was Kinder brauchen

Kinder, die in Heimen aufwachsen und nur wenig Umgang mit anderen Menschen haben und sich nur wenig umherbewegen können, lernen erst später sitzen, gehen und stehen als Kinder, die unter günstigeren Bedingungen aufwachsen. So ergab eine Studie in einem Waisenhaus im Iran, dass nur 42 % der Kinder im Alter von 2 Jahren sitzen konnten, und nur 15 % waren mit 4 Jahren fähig, allein zu gehen. Die Kinder wurden im Wesentlichen nur gewaschen und gefüttert, aber sonst gab sich niemand mit ihnen ab.

Man wollte nun den positiven Beweis: Wenn man mit Kindern spielt, entwickeln sie sich besser und schneller. Dafür wurde eine Gruppe von Kindern weiter behandelt wie vorher, die andere Gruppe durfte – oder musste – eine Stunde am Tag spielen, die Kinder wurden aufgesetzt und man gab ihnen Spielzeug. Schon nach einem Monat zeigte die »Spiel-Gruppe« signifikante Vorsprünge in ihrer Entwicklung.

Wir wissen, dass Säuglinge Unterhaltung brauchen, und wenn sie schreien, sagen genervte Mütter oft: »Der will nur Unterhaltung«. Experimente haben gezeigt, dass die Kleinen nicht vergnügungssüchtig, sondern bildungshungrig sind. Durch ein paar Maßnahmen, die man außerhalb des Labors als »Unterhaltung« einstufen würde (das Kind wird auf den Arm genommen, aufgesetzt, auf den Bauch gelegt, so dass es auch etwas anderes sehen kann als die Zimmerdecke; die Bettwäsche wird von weiß auf bunt gemustert gewechselt und bunte Mobiles werden über dem Bett aufgehängt) gewannen die Babys einen Entwicklungsvorsprung von anderthalb Monaten im Vergleich zur Kontrollgruppe. In einem jedoch blieben sie zurück: Sie entdeckten ihre Hände als Studienobjekt erst ein halbes

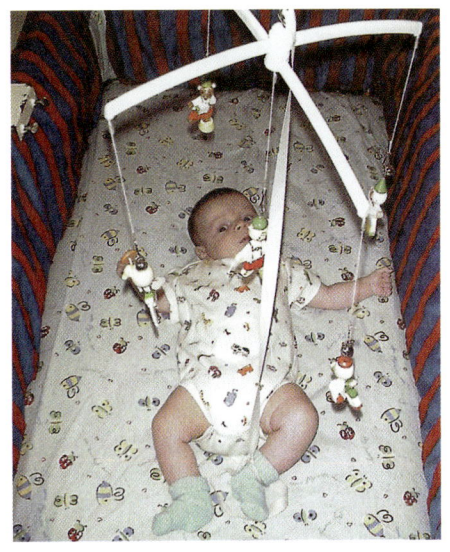

Jahr später als ihre Bildungsrivalen. Man nimmt an: Wenn Kinder nichts Besseres anzuschauen haben, beschäftigen sie sich mit ihren Händen.

Säuglinge brauchen »Unterhaltung« – aber sie muss dem Alter angepasst sein.

Natürlich gibt es zu jeder Studie eine Gegenstudie, bisweilen bringt eine Studie auch widersprüchliche Ergebnisse. So stellte man in dieser »Unterhaltungsstudie« fest, dass Kinder auf zuviel Stimulation gestresst reagieren – sie sind offenbar noch nicht so weit, die Anregungen zu verarbeiten. Als man die »Unterhaltung« dem Alter anpasste – mit jedem Monat mehr –, ergaben sich die besten Entwicklungsverläufe.

Kaputte Kindheit – kaputtes Leben?

Zunächst eine beruhigende Erkenntnis: Frühe Härten sind nicht zwangsläufig eine Hypothek für die Zukunft. Die iranischen Waisenkinder, von denen wir oben gelesen haben, entwickelten sich völlig normal, wenn sie bis zum Alter von zwei Jahren adoptiert wurden.

Das zeigen auch Ergebnisse aus Guatemala: In einem abgelegenen Dorf war es üblich, kleine Kinder im ganzen ersten Lebensjahr in der fensterlosen Familienhütte zu halten, weil man dort glaubt, dass Sonne und Luft krank machen. Die Kinder haben kaum Gelegenheit, herumzukrabbeln, und es ist auch nicht üblich, dass die Eltern mit ihnen spielen. Wenn diese Kinder nach dem ersten Geburtstag aus den Hütten hinaus dürfen, sind sie entwicklungsmäßig im Vergleich zu amerikanischen Kindern zurück, was körperliche Fähigkeiten betrifft. Aber mit drei Jahren haben sie voll aufgeholt.

Es gibt jedoch auch schlechte Nachrichten: Frühe Härten können später schädlich sein, wenn es um Sprachvermögen, Intelligenz und seelisch-emotionale Entwicklung geht. Wenn Kinder in den ersten drei Lebensjahren keine Lernmöglichkeiten haben – das heißt: wenn niemand mit ihnen redet, keiner ihnen etwas vorliest, und niemand da ist, der ihnen hilft, ihre Umgebung kennen zu lernen –, dann sind sie bei Schuleintritt hinsichtlich Intelligenz und Sprachvermögen wesentlich hinter anderen Kindern zurück und es ist fraglich, ob sie deren Vorsprung jemals werden aufholen können.

Wie wichtig eine intellektuell anregende Umgebung für die Entwicklung der Intelligenz ist, zeigt eine alte, aber berühmt gewordene Studie aus dem Jahr 1939. Eine Gruppe von entwicklungsmäßig zurückgebliebenen Waisenkindern (die deswegen für eine Adoption nicht mehr in Frage kamen) wurde in ein Heim für geistig Behinderte gebracht. Dort wurde jedes dieser Kinder einem leicht behinderten Mädchen anvertraut, das als Ersatzmutter fungierte und mit dem Waisenkind viel spielte, redete und ihm alltägliche Dinge beibrachte. Dazu waren, im Gegensatz zu dem überfüllten Waisenhaus, die Räume großzügig angelegt und mit Spielzeug ausgestattet. Sobald die Kinder gehen konnten, besuchten sie einen Kindergarten, in dem sie vielseitige Beschäftigungs-, Spiel- und Lernmöglichkeiten hatten. Nach vier Jahren hatten die Kinder durchschnittlich 32 IQ-Punkte dazu gewonnen; bei einer Kontrollgruppe, die im Kinderheim geblieben war, wurde ein durchschnittlicher Verlust von 21 IQ-Punkten gemessen. Zwanzig Jahre später war die geförderte Gruppe immer noch geistig der Kontrollgruppe wesentlich voraus; die meisten von ihnen hatten eine höhere Schulbildung, waren berufstätig, verheiratet und hatten normal intelligente Kinder. Die meisten Personen der Kontrollgruppe hatten nur minimale Schulbildung und blieben entweder in Heimen oder verdienten nicht ihren eigenen Lebensunterhalt.

Die Studie legt nahe, dass intellektuelle Fähigkeiten zwar angeboren sind, dass sie jedoch günstige Bedingungen brauchen, um sich zu entfalten.

Entwicklungen

Wie lernt man lernen? – Kognitive Entwicklung

Wir wissen, dass der Arm Teil unseres Körpers ist, aber die Stuhllehne, auf der er ruht, nicht. Wir erkennen unseren Hut, egal ob er auf dem Tisch liegt oder an der Garderobe hängt. Wir wissen: wenn wir die Straße überqueren, um wegzugehen, müssen wir sie wieder in der anderen Richtung überqueren, um zurückzukommen. Wir wissen, dass eine Bleikugel schwerer ist als eine Plastikkugel, und wir wissen deshalb auch, dass wir kräftiger zupacken müssen, wenn wir die Bleikugel aufheben wollen.

All das und vieles mehr wissen wir. Die interessante Frage, die sich Psychologen stellen, ist nun die: Woher wissen wir das, und vor allem: Wie haben wir das gelernt? Denn all die selbstverständlichen Dinge, die soeben aufgezählt wurden, müssen Kinder erst lernen.

Der Schweizer Psychologe Jean Piaget (1896–1980) hat seine – und andere – Kinder beim Heranwachsen beobachtet und daraus eine Entwicklungstheorie des Denkens entworfen, die beschreibt, wie sich die kognitiven Fähigkeiten, kurz: die Intelligenz, von der Geburt bis über das 12. Lebensjahr hinaus in der Interaktion mit der Umwelt entfaltet. Hier ist sein Stufenmodell:

Der Schweizer Psychologe Jean Piaget (1896–1980), Erfinder des Stufenmodells der kognitiven Entwicklung.

Stufe	Fähigkeit
1. Sensomotorisch (bis 2 Jahre)	Die Welt begreifen, erste Zusammenhänge erkunden, Ich von Nicht-Ich unterscheiden, »Objektpermanenz«
2. Präoperational (2–7)	Einfacher Gebrauch von Sprache und von Symbolen
3. Konkret-Operational (7–11)	»Mengenkonstanz«, Klassifizierungen nach Größe und Gewicht
4. Formal-Operational (ab 11)	Symbolisches Denken; Gedankenexperimente; sich in den anderen hineindenken; die Welt von verschiedenen Blickpunkten sehen

Das Stufenmodell der kognitiven Entwicklung nach Piaget.

Weil Kinder gern mit den Händen »be-greifen«, Gegenstände anfassen und in den Mund stecken, nannte Piaget die erste Stufe, die sich ungefähr über die ersten beiden Lebensjahre erstreckt, die **sensomotorische**. In dieser Phase lernen die Kinder, wie Empfindungen und Bewegungen zusammenhängen, d. h. sie lernen z. B., wie weit sie ihren Arm ausstrecken müssen, um einen Gegenstand zu erreichen, oder was passiert, wenn sie ihren Teller über den Tischrand hinweg schieben, und dass ihr Popo zu ihrem Körper gehört, aber nicht der Stuhl, auf dem sie sitzen. Durch unzählige »Experimente« finden sie heraus, dass sie ein eigenes Wesen sind, das sich von der Umwelt abgrenzt und unterscheidet. Eine große Entdeckung in dieser Zeit ist die so genannte »Objektpermanenz« – das Wissen, dass ein Gegenstand da ist, auch wenn man ihn nicht sieht, weil man in die andere Richtung schaut oder weil er verdeckt wird.

Vom zweiten bis zum siebten Lebensjahr bewegt sich das Kind in der **präoperationalen** Phase. Nun haben Kinder schon Worte zur Verfügung, mit denen Dinge und Vorgänge bezeichnet werden können. Ein Objekt kann ein anderes repräsentieren oder symbolisieren. Ein Dreijähriger kann einen Stecken nehmen und so auf seinem »Pferd« reiten. Ein Holzklotz wird zum Auto, eine Puppe zum Kind oder zur Mutter.

Obwohl Kinder in dieser Phase Worte und Symbole haben, benützen sie sie noch nicht in logischen Zu-

sammenhängen nach festen Regeln oder »Operationen« – deshalb sind sie in der präoperationalen Stufe.
Unter »Operation« versteht Piaget einen geordneten
Vorgang, bei dem Information übermittelt wird, und er
ist auch umkehrbar – »reversibel«. Jede »Operation«
hat ihr logisches Gegenstück. Eine runde Pizza in 4
gleiche Stücke zu schneiden, ist eine Operation, und
sie ist reversibel, weil man die Stücke auch wieder zu
einer ganzen Pizza zusammenlegen kann. In der präoperationalen Phase der Entwicklung können Kinder
solche Vorgänge noch nicht nachvollziehen. Piaget hat
dieses Defizit mit dem Konzept der »Conservation«,
oder auch »Mengenkonstanz«, veranschaulicht.

   Als Erwachsenen ist uns das Konzept der Mengenkonstanz so vertraut, dass wir keinen Namen mehr
dafür brauchen: Die Menge Pizza ist gleich, ob sie nun
rund und am Stück ist oder in mehrere Teile aufgeschnitten, und eine Maß Bier bleibt eine Maß, ob sie
nun in einem Maßkrug oder in zwei Halbe-Krügen
serviert wird oder in 4 »kleinen Bieren« erscheint. Kinder brauchen ein paar Jahre, um das zu lernen. Man
nimmt an, dass sich kleine Kinder mit der Mengenkonstanz so schwer tun, weil sie vorwiegend in Bildern
denken. Und vier kleine Biere sehen nun einmal nach
mehr aus als ein großes.

   Das alles ändert sich mit der **konkret-operationalen**
Entwicklungsstufe. Kinder können nun erkennen, dass
die Menge Pizza gleich bleibt, egal ob sie rund und am
Stück oder in Teile aufgeschnitten ist. Sie lernen logisches Denken. Sie können Gegenstände nach Größe
und Gewicht ordnen. Sie sind auch bald in der Lage,

Wenn man einem acht
Monate alten Kind ein
Spielzeug abdeckt, ver-
liert es sofort das Interesse daran und macht
auch keine Anstalten,
den Gegenstand wieder
hervorzuholen. Er exi-
stiert einfach nicht mehr
– »aus den Augen, aus
dem Sinn«. Zwei Monate
später schon wird das
Kind das Spielzeug hin-
ter der Abdeckung her-
vorholen, denn es hat
gelernt: auch wenn man
etwas nicht sieht, exi-
stiert es doch! Das ist
mit »Objektpermanenz«
gemeint.

Erwachsenen ist das Konzept der Mengenkonstanz so vertraut, dass wir keinen Namen mehr dafür brauchen: Die Menge Flüssigkeit ist gleich, ob sie sich nun in einem kurzen breiten oder in einem hohen schlanken Gefäß befindet. Kinder brauchen ein paar Jahre, um das zu lernen.

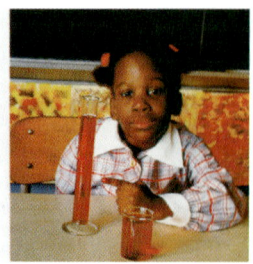

den Weg zu ihrem Freund selber zu finden – aber sie können den Weg noch nicht aufzeichnen oder jemandem beschreiben, wie man da hinkommt. Fünfjährige finden den Weg zu ihrem Freund, weil sie wissen, wo sie links und wo sie rechts abbiegen müssen. Wenn sie acht sind, können sie uns auf einem Blatt Papier eine »Karte« malen und uns zeigen, wie wir zu ihrem Freund finden. Piaget hat diese Phase die konkret-operationale genannt, weil Kinder in dieser Zeit zwar abstrakte Begriffe benutzen, aber nur in Bezug auf konkrete Objekte.

Erst im **formal-operationalen** Abschnitt der Entwicklung, der im Alter von 11 oder 12 Jahren beginnt, ist es Kindern möglich, rein symbolisch zu denken. Sie können Hypothesen bilden und Gedankenexperimente machen. Sie sind in der Lage, sich im Kopf auszumalen: »Was passiert, wenn ...«, ohne das real ausprobieren zu müssen. Sie können sich vorstellen, wie ein Gegenstand aussieht, wenn man den Standpunkt der Betrachtung verändert, und sie können sich vorstellen, wie es einem anderen zumute sein mag, wenn man ihn lobt oder kränkt. Sie können Sachverhalte von der Perspektive des anderen sehen. Hier wird deutlich, dass die Entwicklung des logischen Denkens mit der Entwicklung der moralischen Verantwortung zusammenhängt.

**Anständig wird man nicht geboren –
Die Entwicklung der Moral**
Wenn sich die Vernunft entwickelt, der Körper wächst, warum sollte dann nicht auch die Moral reifen?

Lawrence Kohlberg von der Harvard University legte 1932 mit seinem Werk »The Moral Judgement of the Child« einen bis heute viel beachteten Entwurf vor, der untersucht, wie sich die ethische Urteilsfähigkeit von Kindern entwickelt. Dazu legte er den Kindern Geschichten vor, die verschiedene moralische Konfliktsituationen enthalten, und fragte sie, wie sie das Verhalten der Protagonisten einschätzen. Zum Beispiel:

»In Europa lag eine Frau im Sterben. Sie war schwer krank. Die Ärzte sagten, es gebe ein Medikament, das sie retten könnte. Es war von einem Mann entdeckt worden, der in derselben Stadt wohnte. Die Kosten zur Herstellung betrugen $ 200, aber er verkaufte es für $ 2000. Der Mann der erkrankten Frau, Heinz, versuchte, sich Geld zu leihen, um das Medikament kaufen zu können. Er ging zu jedem, den er kannte, um Geld aufzunehmen. Aber er brachte nur die Hälfte zusammen. Er sagte dem Mann, der das Medikament verkaufte, dass seine Frau im Sterben liege, und bat ihn, das Medikament billiger zu verkaufen oder ihm zu erlauben, später zu zahlen. Aber der Mann sagte: ›Nein, ich habe das Medikament erfunden und ich will Geld daraus machen‹. Daraufhin brach Heinz in das Geschäft ein und stahl das Medikament.«

Das Kind wird dann gefragt: »Durfte Heinz das tun? War das richtig oder falsch?«. Die Antworten zu einer ganzen Reihe solcher Geschichten, die alle ein moralisches Dilemma enthielten, wurden analysiert, und Kohlberg entdeckte im Wesentlichen drei Arten oder Stufen von ethischem Argumentationsmuster:

Präkonventionell	Belohnung und Strafe
Konventionell	Recht und Ordnung
Postkonventionell	übergeordnete ethische Prinzipien

Die Antworten der Kinder wurden diesen Stufen zugeordnet – nicht nach dem Urteil richtig oder falsch, sondern nach der Art der Urteilsbegründung. So gehören z. B. Begründungen, die Heinz' Einbruch rechtfertigten oder verurteilten, wie: »Wenn er seine Frau sterben lässt, kriegt er Schwierigkeiten« oder »Wenn er das Medikament stiehlt, wird er erwischt und muss ins Gefängnis« in die Kategorie »präkonventionell«. In beiden Fällen erfolgt die moralische Bewertung danach, ob die Handlung bestraft wird oder nicht.

Es stellte sich heraus, dass Kinder bis zum Alter von etwa 7 Jahren nach Strafe und Belohnung ihr Urteil fällen. Mit 13 argumentieren die meisten Kinder nach dem »konventionellen« Muster: gut ist, wenn man vor anderen gut dasteht, wenn man »nett« ist oder später »seine Pflicht tut«.

Kohlberg nahm an, dass viele Menschen nie zur dritten, »postkonventionellen« Ebene gelangten. Er vermutete, die moralische Einstellung entwickle sich parallel zu Piagets Denkstufen, und nur Menschen, die die Stufe des formal-operationalen Denkens erreicht hätten, verfügten auch über die Fähigkeit, abstrakte ethische Prinzipen anzuwenden, die zur postkonventionellen Stufe gehören. Kohlberg stellte fest, dass weniger als 10 % der Befragten, die älter als 16 Jahre alt waren, die höchste Stufe, in der nach moralischen Prinzipien und Gewissen geurteilt wird, erreicht hatten. Eine Antwort dieser Kategorie sähe etwa so aus: »Nach dem Gesetz der Gesellschaft handelte Heinz falsch, aber nach dem Gesetz der Natur oder Gottes hat er richtig gehandelt und der andere falsch. Menschliches Leben steht über finanziellem Gewinn. Der Mensch hat immer die Pflicht, einen anderen Menschen, egal wen, auch wenn er fremd ist, vor dem Tod zu retten.«

Kritiker des Kohlberg-Modells haben argumentiert, dass die Reifung des Gewissens nicht allein von der Reifung des Denkens abhängt. Auch der Einfluss Gleichaltriger, das Vorbild der Eltern und nicht zuletzt das Fernsehen hätten Einfluss auf die moralische Urteilsbildung von Heranwachsenden. Ebenfalls eingewendet wurde, dass Menschen in jedem Lebensalter gleichsam von Stufe zu Stufe springen können, je nach Situation. Eine Geschwindigkeitsübertretung wird möglicherweise nicht immer aus höheren ethischen Erwägungen unterlassen, wie Ehrfurcht vor dem Leben, sondern weil man nicht von der Polizei erwischt werden will. Und schließlich: auch wenn man Geschwindigkeitsübertretungen moralisch missbilligt, aus welchen primitiven oder edlen Gründen auch immer, ist damit noch nicht garantiert, dass man sie nicht begeht. Moralisches Urteil und ethisches Verhalten können unterschiedlich, manchmal sogar widersprüchlich sein.

Entwicklung der Beziehungen

Viele Entwicklungspsychologen gehen davon aus, dass frühe Erfahrungen eines Kindes mit den wichtigsten Menschen seiner Umgebung, allen voran Mutter und Vater, prägend sind für seine späteren Beziehungen zu seinen Mitmenschen.

Die Wiege der Beziehungen: Das Ur-Lächeln

Mit zwei Monaten wird das »durchschnittliche« Kind lächeln, wenn es das Gesicht der Mutter erblickt. Die »durchschnittliche« Mutter wird hoch entzückt sein, was bewirkt, dass das Kind immer wieder lächelt, wenn es die Mutter sieht. Man nimmt an, dass das frühe Lachen sehr viel dazu beiträgt, die Beziehung zwischen den beiden zu festigen.

Man nimmt an, dass das frühe Lächeln sehr viel dazu beiträgt, die Beziehung zwischen Mutter und Kind zu festigen.

Säuglinge werden überall auf der Welt im etwa gleichen Alter anfangen zu lächeln, ob in Afrika, Afghanistan, Amerika oder Asien. Deshalb kann man davon ausgehen, dass der genetisch angelegte Reifungsprozess für die frühe Freundlichkeit verantwortlich ist, unabhängig von den kulturellen Rahmenbedingungen. Sogar blinde

Säuglinge lächeln, wenn sie die Stimme ihrer Eltern hören. Und doch kommt es bei aller genetischen Disposition darauf an, wie diese gefördert oder gehemmt wird. Kinder, die im Waisenhaus aufwachsen, wo sie nur gefüttert und gesäubert werden, aber sonst wenig Ansprache haben, lächeln immer weniger. Aber wenn man sich freundlich um sie kümmert, lachen sie schnell wieder genauso oft wie Kinder, die daheim aufwachsen.

Das erste Lächeln ist noch nicht sehr wählerisch. Mütter sind oft enttäuscht, wenn sie merken: Sobald sich ein freundliches Gesicht nähert, lächelt das Kind. Es lächelt sogar Masken an. Erst im Laufe der Zeit werden die Kinder kritischer und lächeln Menschen mehr an als Masken und freundliche Gesichter mehr als unfreundliche. Wenn das Kind schließlich acht oder neun Monate alt ist, beginnt es zu »fremdeln« und beschränkt das Lächeln auf die Mutter und andere freundliche Menschen.

Drahtige Affenmütter: Die Fähigkeit, sich zu binden
Säuglinge können ihre guten Beziehungen zu wichtigen Personen in ihrem frühen Leben auch noch anders als durch Lächeln herstellen: Sie machen kuschelige Laute, brabbeln, schmiegen sich an und studieren das Gesicht der Person, die sie hält.

Das Phänomen, dass Kinder die Nähe ihrer Bezugspersonen suchen und sich in deren Gegenwart sicherer fühlen, nennt man »attachment« – auf Deutsch etwas umständlich übersetzt in »Bindungsverhalten«. Tierkinder zeigen anderes Bindungsverhalten: Affenkinder etwa krallen sich am Bauch ihrer Mütter fest, wenn sie herumläuft; kleine Hunde purzeln übereinander, um am warmen Bauch der Mutter zu kuscheln; kleine Enten und Hühner laufen gackernd hinter ihrer Mutter her und gehen unter ihre »Fittiche«, wenn sie Angst bekommen. Diese frühen angeborenen Reaktionen sorgen dafür, dass die Jungen nicht verloren gehen.

Psychologen gingen ursprünglich davon aus, dass die Bindung zur Mutter entstand, weil die Mutter die

Jungen ernährt und ihre grundlegenden Bedürfnisse befriedigt. Aber zu dieser einfachen und doch so ergreifenden Theorie passten nicht alle Beobachtungen, die gemacht wurden. Junge Enten und Küken zum Beispiel ernähren sich von Geburt an selbst, und dennoch laufen sie ihrer Mutter nach und suchen ihre Nähe. Sie müssen also etwas bekommen, was nichts mit dem Fressen zu tun hat. Die Experimente von Harry Harlow (1905–1981) mit Rhesusaffen zeigten ebenfalls, dass sie die Mutter zu mehr brauchten als zum Füttern.

Die kleinen Affen im Experiment bevorzugten die mit Frottee umhüllte, kuschlige Attrappe.

Diese jungen Affen wurden kurz nach der Geburt von ihren Müttern getrennt und mit zwei künstlichen »Müttern« zusammengetan, die aus Draht und Holzköpfen bestanden. Der »Körper« der einen Mutter bestand aus blankem Draht. Die andere »Mutter« war mit Schaumgummi und Frotte-Tuch umwickelt, was sie »kuscheliger« und es den Jungen leichter machte, sich anzuklammern. Jede Mutter konnte mit einer Milchflasche ausgerüstet werden, die an ihrer »Brust« befestigt war.

Mit dem Experiment wollten Harlow und seine Mitarbeiter herausfinden, ob die Mutter, die über die Nahrungsquelle verfügte, auch die wäre, an der die Jungen »hingen«. Die Ergebnisse waren eindeutig: Egal welche Mutter die Milchflasche hatte – die Jungen schmiegten sich immer an die »kuschelige« Schaumgummi-Frotte-Mutter. Diese völlig passive, aber anschmiegbare Mutter gab Sicherheit. Wenn sie die fremde Umgebung auskundschaften wollten, hielten sich die Kleinen mit einer Hand oder einem Fuß an ihr fest. Man kann das auch bei kleinen Kindern beobachten: Sie trauen sich Neuland zu erkunden, wenn ihre Mutter in der Nähe ist.

Weitere Studien haben ergeben, dass kleine Affen in ihren Müttern noch mehr als Nahrung und Sicherheit suchen. Sie mögen lieber eine Mutter, die schaukelt, als eine, die sich nicht rührt, und sie mögen lieber eine warme als eine kalte. Ein Affenbaby wird immer zu der kuscheligen Mutterattrappe gehen, wenn es die Wahl zwischen ihr und der Drahtattrappe hat, aber wenn die Drahtattrappe gewärmt ist, zieht es, jedenfalls in den ersten zwei Lebenswochen, die warme »Mutter« vor. Wenn sie älter werden, bevorzugen sie immer die weiche Kuschel-Attrappe.

Allerdings genügt selbst das, was eine kuschelige Attrappe bieten kann, nicht, um gesund heranwachsen zu können, nicht einmal bei Affen. Tiere, die das erste halbe Jahr ihres Lebens bei einer Attrappe aufgewachsen waren, zeigten als Erwachsene eigenartige Verhaltensweisen. Sie konnten nicht normal mit Artgenossen umgehen und waren entweder zu ängstlich oder zu aggressiv und auch mit dem Sexualverhalten hatten sie Probleme. Wenn man weibliche Affen, die ohne soziale Kontakte zu anderen herangewachsen waren, unter beträchtlichen Anstrengungen zur Paarung gebracht hatte, erwiesen sie sich als schlechte Mütter: sie neigten dazu, ihre Jungen zu vernachlässigen oder zu misshandeln. Die Bedeutung der Mutter in dieser frühen Lebensphase geht also weit über die Befriedigung der körperlichen Bedürfnisse hinaus.

Vom Affen zum Menschen

Wie sieht das bei Menschenkindern aus? Man sollte vorsichtig sein und nicht vorschnell von Affen unter Laborbedingungen auf die Entwicklung von Menschen unter natürlichen Bedingungen (d. h. außerhalb des Labors) zu schließen. Aber es gibt Hinweise, dass Menschenkinder ähnliche Ansprüche haben, um sich gesund zu entwickeln. Die Beziehung zur Mutter (oder zur wichtigsten Bezugsperson) entscheidet über die Sicherheit, die es erlaubt, die Umwelt zu erkunden, und über die soziale Kontaktfähigkeit im späteren Leben.

Normalerweise erreicht die Beziehung zwischen Kind und Mutter die höchste Dichte, wenn das Kind zwei Jahre alt ist. Bis dahin wird es die Nähe der Mutter suchen und weinen, wenn die Mutter weggeht. Danach fällt die Trennung von der Mutter leichter. Mit

Wo bleibt eigentlich der Vater? Aufgrund der nach wie vor vorherr-schenden Rollenvertei-lung innerhalb der Fami-lien wurde er von der Forschung bislang weni-ger unter die Lupe ge-nommen als die Mutter. Doch auch sein Einfluss, ebenso wie Geschwister und Gleichaltrige, trägt viel zum sozialen Lernen bei; Kinder betrachten ihre Geschwister oder Freunde oft als »Model-le«, an denen sie sich orientieren.

drei Jahren, durchschnittlich, können Kinder ihre Mut-ter allein lassen (und umgekehrt) und mit anderen Kindern spielen.

In Experimenten wurden Kinder unterschiedlichen Alters für mehrere Minuten von ihrer Mutter getrennt – die Mutter verließ den Raum. Nach drei Minuten kam sie wieder. Das erstaunliche war, wie die Kinder bei der Rückkehr der Mutter reagierten. Mehr als die Hälfte der Kleinen war froh, dass sie ihre Mutter wie-der hatten, und drückten sich an sie. Andere allerdings nahmen nicht die geringste Notiz von ihrer Mutter, und wieder andere verhielten sich »ambivalent«: zuerst wollten sie in den Arm genommen werden, und sobald sie dort waren, wollten sie wieder weg. Man untersuch-te auch, wie die Beziehungen zwischen Mutter und Kind zu Hause waren, und kam zu dem Schluss, dass

Beziehung zwischen Mutter und Kind

sicheres Attachment: die Kinder *suchen* den Kontakt mit ihrer Mutter, wenn diese wieder kommt; sie sind »sicher gebunden«.

ängstliches Attachment: die Kinder *vermeiden* den Kontakt mit ihrer Mutter. Sie sind »unsicher gebunden«

ambivalentes Attachment: Sie reagieren bei der Rückkehr der Mutter mit Abwehr. Sie *suchen* den Kontakt *und sträuben* sich gleichzeitig dagegen. Sie lassen sich in den Arm nehmen und wollen gleich wieder weg. Sie sind unsicher-ambivalent gebun-den.

die Art des Verbundenseins – das »attachment« –
unterschiedlich ist.

Man nimmt an, dass die Art des Attachment davon
abhängt, wie die Stimmung zwischen Mutter und Kind
im ersten Lebensjahr ist. Die Tendenz geht dahin, die
»Fehler« bei der Mutter zu suchen; aber es ist auch bekannt, dass Kinder vom ersten Tag an »gut zu haben«
oder »schwierig« sein können und ihre Mütter zur Lie-
bes- oder Weißglut bringen können. Eine Mutter mit
Schlafmangel wird genervter auf das Schreien ihres
Kindes reagieren als eine ausgeschlafene Mutter, und
die Genervtheit der Mutter wird das Kind ängstigen
oder ärgern, so dass es noch mehr schreit, was die
Mutter noch mehr nervt – ein Teufelskreis. Die Gelas-
senheit der ausgeschlafenen Mutter hingegen wird das
schreiende Baby bald beruhigen und ihm Sicherheit
und Wohlbefinden geben, was die Mutter wiederum
mit Freude registriert, so dass sich ein Segenskreis entwickelt.

> Frühes **Bindungsverhalten** prägt die Persönlichkeit im späteren
> Leben. Man hat untersucht, wie erwachsene Menschen mit
> Liebeskummer fertig werden und konnte einen Zusammenhang
> zwischen Bindungsverhalten und Liebeskummer-Bewältigung
> feststellen: Sicher gebundene Menschen suchen Hilfe, unsi-
> cher gebundene ziehen sich zurück, und ambivalent gebunde-
> ne wissen nicht, ob sie sich jemand anvertrauen oder es doch
> lieber mit sich allein ausmachen sollen, oder wenden sich an
> jemand in der Haltung: »Du kannst mir ja auch nicht helfen!«
> Und das gilt nicht nur für Liebeskummer.

Einflüsse

Erziehung: Kinder geraten trotzdem gut

Man nimmt an, dass Erziehung einen Einfluss auf die
Entwicklung von Kindern ausübt. Die Heftigkeit, mit
der über Erziehung gerechtet und gestritten wird –
»wenn wir streiten, geht's immer um die Kinder« –,
legt tatsächlich den Verdacht nahe, dass es sich bei Er-
ziehungsmaßnahmen um Glaubensfragen handelt, die
allerdings modischen Trends unterworfen sind. Fanati-

sche Auseinandersetzungen wurden geführt um Fragen wie Sauberkeitserziehung und Stillzeiten – fest oder nach Bedarf, Brust oder Flasche, locker oder streng.

Noch im ersten Drittel des 20. Jahrhunderts war Kindererziehung relativ streng. Eltern wurde geraten, ihre Kinder nicht aus dem Bett zu nehmen, nur weil sie schreien, »Verwöhnen« war schon fast ein »Verbrechen«; gefüttert wurde nach der Uhr, und wer beim ersten Geburtstag noch in die Windeln machte, machte damit seinen Eltern nicht nur Arbeit, sondern schlimmer: Schande. Daumenlutschen und mit den Genitalien spielen war unerwünscht bis verboten. Rigide Verhaltensmaßregeln wie diese gingen in

Amerika mit dem Siegeszug des Behaviorismus einher. Die Idee war, gute Angewohnheiten einzuüben und schlechte zu beseitigen – je früher desto besser.

In den 1940er Jahren begannen die Ansichten etwas lockerer zu werden, besonders unter dem Einfluss der Psychoanalyse, die in vielen Fallberichten zeigen konnte, welche Schaden eine Erziehung, wie von Watson empfohlen, anrichten kann (siehe rechts). In den 60er und 70er Jahren war dann das Pendel mit der »antiautoritären Erziehung« am anderen Ende angekommen, und seither schwingt es wieder zurück in strengere Gefilde, zumindest in der Theorie.

Aufwendige und komplexe Untersuchungen deuten darauf hin, dass sich Kinder am besten entwickeln – in Bezug auf Selbständigkeit, Kontaktfreudigkeit, Lebendigkeit und Sozialverhalten –, wenn sie Eltern haben, die ihnen mit Liebe und Respekt zugetan sind, aber auch wissen, was sie wollen. Schwer haben es Kinder mit Eltern, die entweder alles kontrollieren oder denen alles egal ist.

»Man kann Kinder vernünftig erziehen. Behandeln Sie sie, als wären sie junge Erwachsene. Kleiden und pflegen sie sie mit Sorgfalt und Umsicht. Ihr Verhalten sollte immer objektiv und freundlich, aber bestimmt sein. Sie sollten Ihre Kinder niemals in den Arm nehmen, oder ihnen einen Kuss geben oder sie sogar auf Ihrem Schoß sitzen lassen. Wenn es sein muß, geben Sie ihnen einen Gute-Nacht-Kuss auf die Stirn. Begrüßen Sie sie am Morgen mit Handschlag. Geben Sie ihnen einen anerkennenden Klaps auf den Kopf, wenn sie eine schwere Aufgabe sehr gut gelöst haben.«
John B. Watson, 1928

Durch die Identifikation mit dem Vater lernt der Junge, »Mann« zu sein.

Ganz der Papa! – Identifikation

Kinder ähneln in der Regel in ihrem Verhalten und Wesen ihren Eltern. Sie lachen, gestikulieren, reden so, dass wir sagen: »ganz der Vater«, »ganz die Mutter«. Man hat einen Ausdruck aus der Psychoanalyse übernommen, um diesen Prozess zu benennen: Das Kind, sagt man, identifiziert sich mit Mutter oder Vater. Identifikation meint in der Psychoanalyse einen unbewussten Prozess, durch den jemand die Eigenarten (Ansichten, Verhaltensweisen, Gefühle) einer anderen Person annimmt. Wenn Kinder ihre Eltern »nachmachen«, übernehmen sie in ihrer Phantasie die von ihnen bewunderte Stärke und Größe der Eltern.

Identifikation bedeutet aber mehr als nur »nachmachen«; das Kind verhält sich so, als wäre es Vater oder Mutter, es erlebt sich so. Ein Mädchen, das sich mit seiner Mutter »identifiziert«, ist stolz, wenn es erlebt, dass die Mutter ein Kompliment bekommt; es ist, als würde das Kind selbst geehrt werden. Und wenn die Mutter enttäuscht wird, ist das Kind traurig. Durch Identifikation erlangt das Kind Eigenschaften, die zur Selbstdisziplin gehören, zur Impulskontrolle, es entwickelt ein Gewissen und »lernt«, »Mann« oder »Frau« zu sein, also die Geschlechtsrollen. Das Gewissen des Kindes »enthält« die elterlichen Vorschriften, an die sich das Kind auch hält, wenn die Eltern nicht anwesend sind, und wenn es die Vorschriften übertritt, wird es ein »schlechtes Gewissen« haben.

Manche Psychologen lehnen das Konzept der »Identifikation« als unbewussten Prozess ab und erklären das Phänomen mit dem Konzept des Lernens. Sie argumentieren, dass Kinder nicht alle Züge ihrer Eltern übernehmen. So mag ein Mädchen von seiner Mutter deren Kontaktfreudigkeit übernehmen, aber nicht ihre Einstellung, wie man sich Jungen gegenüber als Mädchen zu verhalten hat, oder andere moralische

Einstellungen. Nach den Lerntheoretikern übernehmen Kinder das Verhalten ihrer Eltern, soweit sie dafür »belohnt« werden, oder weil es ihnen »etwas bringt«. Das gilt auch für andere Personen, wie die Schulkameraden, Fußballidole oder Filmstars, mit denen sich Kinder und Jugendliche »identifizieren«. Wenn Jungen Fußball spielen, ziehen sie die Trikots ihrer Vorbilder an und entwickeln erstaunliche schauspielerische Fähigkeiten, sich genau wie ihre Idole zu bewegen, mit allen Arten und Unarten. Dieses Imitieren von »Modellen« und »Vorbildern« ist ein kontinuierlicher und lebenslanger Lernprozess.

Wenn Kinder ihre Eltern nachmachen, übernehmen sie in der Phantasie die von ihnen bewunderte Stärke und Größe der Eltern

Die meisten Psychologen halten Identifikation – ob sie das Phänomen, das damit gemeint ist, nun psychoanalytisch oder lerntheoretisch erklären – für einen grundlegenden Prozess in der Sozialisation von Kindern. Indem sie Verhaltens- und Denkweisen von »Modellen« übernehmen, eignen sie sich die Fähigkeiten und Züge an, die in der Gesellschaft von Erwachsenen erwartet werden. Natürlich werden sich die Kinder am meisten mit denen identifizieren, mit denen sie am meisten zu tun haben, und das sind in der Regel ihre Eltern. Von ihnen lernen sie besonders die Geschlechtsrollen.

Von Schlampen und Emanzen, Machos und Weicheiern: Geschlechterrollen

Jede Gesellschaft hat geschriebene und noch mehr ungeschriebene Vorschriften, wie jemand als Frau und als Mann zu denken, zu reden, sich zu verhalten hat. Diese Rollenvorschriften, die »maskulin« und »feminin« definieren, variieren von Kultur zu Kultur und ändern sich auch über die Zeiten. So galt es vor 50 Jahren noch als unmännlich, auf offener Straße einen Kinderwagen zu schieben, für eine Frau war es unschicklich, auf der Straße zu rauchen oder einem Mann Feuer

zum Anzünden der Zigarette zu reichen. Heute erntet der junge Vater, der sein Kind stolz durch die Siedlung schiebt, anerkennende Blicke, die Frau, die öffentlich raucht, keine Beachtung, und die Dame, die einem Herrn Feuer reicht, milde Aufmerksamkeit. Frauen sind »männlicher« geworden und fahren Busse, Männer sind »femininer« geworden und tragen auch mal eine Küchenschürze. Oft sind diese »Standards« auch unterschiedlich für verschiedene soziale Schichten einer Gesellschaft oder Subkultur, aber viele dieser geschlechtsspezifischen Verhaltensweisen, Wertungen und Vorschriften werden von den Eltern an die Kinder weitergegeben.

Rollenvorschriften, die maskulin und feminin definieren, sind in ständigem Wandel begriffen: Während etwa die Wehrpflicht in Deutschland nach wie vor nur für Männer gilt, ist der freiwillige Dienst in der Bundeswehr inzwischen auch für Frauen möglich.

Ist »männlich« ein Geburtsfehler und »weiblich« eine Krankheit? – »Sex typing«

Wie werden Jungen »maskulin« und Mädchen »feminin« geprägt? Eltern behandeln Jungen und Mädchen von Anfang an unterschiedlich. So werden Mädchen gerne rosa gekleidet, sie spielen mit Puppen und Kinderwagen, während Jungen raufen und Ball spielen. Säuglinge männlichen Geschlechts werden im Allgemeinen mehr »verwöhnt«, Jungen sind »tüchtig«, Mädchen »süß« usw.

Während in den frühen Jahren die Geschlechtsrollen noch nicht so streng ausgeprägt sind, verfestigen sie sich mit der Zeit. Man misst die Stärke von Geschlechtsrollen zum Beispiel in Experimenten, in denen Kinder Spielsachen zur Auswahl bekommen, und zwar »maskuline« (Hammer), feminine (Puppe) und neutrale (Skates). Es zeigt sich, dass Jungen schon mit drei Jahren eindeutig die maskulinen Spielzeuge bevorzugen, und sie werden immer maskuliner. Bei Mädchen ist die »Kurve« im Allgemeinen weniger

steil. Viele kleine Mädchen bevorzugen maskuline
Spielsachen. Im Kindergarten zeigen mehr Mädchen
Interesse an maskulinen Spielsachen als Jungen an
femininen. Jungen, so sieht es aus, »arbeiten« stärker
daran, männlich zu sein, als Mädchen an ihrem femininen Image.

Wie kann man diese Befunde verstehen? Es besteht
bei beiden Geschlechtern die Einstellung, dass maskuline Aktivitäten höherwertig sind als feminine. Und:
feminines Verhalten von Jungen wird kritischer angesehen als maskulines Verhalten bei Mädchen. Männlich sein bedeutet immer noch weithin, nicht »wei-
bisch« zu sein und feminine Züge zu vermeiden.
Wenn man Jungen im Kindergarten die Wahl lässt zwischen attraktiven femininen Spielsachen und unattrak-
tivem neutralen Spielzeug, werden sie, so zeigen Untersuchungen, die attraktiven femininen vermeiden
und mit den neutralen Vorlieb nehmen. Wenn Erwachsene zuschauen, verstärkt sich diese Tendenz noch.
Man nimmt an, dass solche typischen Geschlechtsrollen eher gelernt als angeboren sind.

Wie wird man Vorbild für sein Kind? – Identifikationsfaktoren
Kinder identifizieren sich mit beiden Eltern, und viele Züge sind
geschlechtsneutral, wie Humor, Freundlichkeit oder Ehrlichkeit.
Aber es gibt immer ein Elternteil, mit dem man sich stärker
identifiziert, als mit dem anderen. Wovon hängt das ab?
Man kann drei Faktoren herausfiltern, die Einfluss auf die
Identifikation haben:
• Kinder identifizieren sich mit ihren Eltern in der Regel mehr
und stärker, wenn die Beziehung von emotionaler Wärme geprägt ist.
• Macht trägt zur Identifikationsbereitschaft deutlich bei.
Mädchen identifizieren sich mehr mit ihrer Mutter, wenn diese
dominant ist. Für Jungen hingegen kann es in diesem Fall
schwierig sein, »männlich« zu werden. Wenn der Vater dominiert, identifiziert sich die Tochter eher mit ihm als mit einem
Vater, der von der Mutter dominiert wird. Mädchen identifizieren sich aber auch weitgehend mit ihren Müttern.
• Tatsächliche Ähnlichkeiten zwischen Kindern und Eltern fördern die Identifikation. Ein großgewachsenes Mädchen mit einer zierlichen Mutter identifiziert sich mehr mit ihrem groß-
gewachsenen Vater, besonders dann, wenn sie ihm auch sonst
ähnlich sieht.

Generell besteht die Tendenz, sich mit dem gleichgeschlechtlichen Elternteil mehr zu identifizieren als mit
dem gegengeschlechtlichen. Natürlich spielen auch die
Geschwister eine Rolle. Mädchen mit älteren Brüdern
neigen zu mehr maskulinem Verhalten und sind z. B.
durchsetzungsfreudiger. Jungen mit älteren Schwe-
stern zeigen weniger Aggressivität als solche mit älteren Brüdern.

Die Reihenfolge ist wichtig

Auch die Geschwisterfolge scheint wichtig. So konnte
eine Studie Hinweise liefern, wonach erste Kinder besonders verantwortungsbewusst sind, zweite, d. h.
mittlere Kinder besonders gesellig und die jüngsten
besonders verwöhnt. Eine Erklärung dafür könnte sein,
dass bei der Geburt des ersten Kindes die Eltern noch
unerfahren sind und mehr Zeit und Aufmerksamkeit
ihrem Kind widmen und auch vorsichtiger mit ihm
umgehen als beim zweiten oder dritten. Das erste Kind
ist eine Zeitlang »Einzelkind« und konkurrenzlos und
hat als Identifikationsmodelle nur die Erwachsenen.
Dies alles trägt offensichtlich dazu bei, dass erste
Kinder – im Durchschnitt – mehr Verantwortungsbewusstsein zeigen als die folgenden.

   Die Geburtsfolge scheint tatsächlich wichtig zu sein
für die Persönlichkeit: Erstgeborene schneiden in Intel-
ligenztests besser ab und sind die erfolgreicheren Stu-

Von mehreren Geschwis-
tern sind die zuletzt ge-
borenen in der Regel die
wagemutigsten; sie
üben häufig riskante
Sportarten aus.

denten, aber Zweitgeborene sind dafür mutiger und Drittgeborene werden waghalsig: je später die Geburtsfolge, desto gefährlicher werden die Sportarten der Kinder.

»Pubertät ist, wenn die Eltern schwierig werden«

Das Jugendalter ist äußerlich geprägt von körperlichen und sozialen Veränderungen. Zu den körperlichen Veränderungen gehört die Geschlechtsreifung. Für Mädchen beginnt die so genannte »Pubertät« mit der Menstruation, für Jungen mit Samenergüssen. Ebenso entwickeln sich die sekundären Geschlechtsmerkmale, bei den Mädchen wächst der Busen, die Jungen werden bärtig, und bei beiden wächst die Schambehaarung. Mädchen sind im Durchschnitt zwei Jahre »früher dran« als Jungen, und die Geschlechtsreifung setzt insgesamt zeitiger ein als früher: In den letzten 150 Jahren sank das durchschnittliche Alter der ersten Menstruation in Nord- und Mitteleuropa von siebzehn auf dreizehn Jahre.

Zu den geschlechtlichen Veränderungen kommt ein so genannter Wachstumsschub: Mädchen erleben ihn mit 12, Jungen mit 14 Jahren. Manche reifen früher, sie sind »akzeleriert«, manche später, sie sind »retardiert«. Beides kann zu Selbstwertproblemen, wie Minderwertigkeitsgefühlen, führen. Entspricht der eigene Körper, der sich verändert, nicht der Schönheitsnorm, beeinträchtigt dies oft das Selbstwerterleben der Jugendlichen, die es schwer haben, weil körperliches, sexuelles, kognitives und emotionales Wachstum oft nicht gleichmäßig und parallel vorangehen, sondern eher chaotisch und die Heranwachsenden pendeln müssen zwischen Noch-Kind- und Schon-Erwachsen-Sein.

Nicht nur die Geschlechtsreife, sondern auch die sexuellen Aktivitäten haben sich in den letzten Jahrzehnten vorverlagert.

Zu den entscheidenden Entwicklungsschritten gehört die Ablösung vom Elternhaus und die Hinwendung zu so genannten Peergruppen. Oft unterwerfen sich die Jugendlichen in der Gruppe strengeren Regeln als jenen, gegen die sie zuhause rebellieren.

Der deutsch-amerikani-
sche Psychologe Erik
Erikson (1902–1994).

Der erste Sex findet für beide Geschlechter früher statt, die genauen Zahlen variieren und dürften oft eine Mischung aus
Wunsch und Wirklichkeit darstellen.

Zu den sozialen Veränderungen gehört die Ablösung vom Elternhaus und
die Hinwendung zu Peergruppen. Beides kann einhergehen mit dem Erlebnis
von Einsamkeit – Distanz von der Familie, Zugehörigkeit oder Ablehnung von
der »Gruppe« – und entsprechend entsteht Konformitätsdruck: Man tut alles,
um als anerkanntes Mitglied zur Gruppe zu gehören. Oft unterwerfen sich
Jugendliche in der Gruppe strengeren
Regeln als jenen, gegen die sie zu Hause rebellieren.

Man sagt, in der Pubertät werden die Kinder schwierig. Vom Standpunkt der Jugendlichen aus gesehen ist
es genau umgekehrt: Pubertät ist, wenn die Eltern
schwierig werden. Die Ablösung vom Elternhaus und
die Hinwendung zu den Peergruppen betrifft nicht nur
den Jugendlichen, die ganze Familie verändert sich
und muss sich neu konstellieren.

In der »Entwicklung« stellen sich den jungen Menschen die Herausforderungen von Partner- und Berufs-
wahl, von Elternschaft, es folgen die Anforderungen
des Erwachsenenalters und schließlich stellt sich die
Aufgabe, alt zu werden. Über alle Entwicklungsstufen
gibt es reichlich Untersuchungen.

Krise in Variationen: Das Leben

Einen entwicklungspsychologischen Überblick bietet
Erik Erikson in seinem psychosozialen Entwicklungsmodell. Erikson war Psychoanalytiker, und da die Psychoanalyse den Menschen als Konfliktwesen sieht,
geht auch er davon aus, dass jeder Mensch im Laufe
seines Lebens nacheinander bestimmte Grundkonflik-
te lösen muss, um voranzukommen. Jeder Konflikt
wird in einer Krise bearbeitet und hat sowohl mit dem
Seelenleben des Einzelnen als auch mit seinen sozia-

Altersstufe	Psychosoziale Krise	Wichtige Beziehungen	Günstige Lösung
1 Erstes Lebensjahr	Vertrauen gegen Misstrauen	Mutter	»Ur-Vertrauen« und Zuversicht
2 Zweites Lebensjahr	Autonomie gegen Zweifel und Scham	Eltern	Selbstbestimmung und Selbstsicherheit
3 Lebensjahr 3–5	Initiative gegen Schuld	Familie	Sinn und Ziel; Eigeninitiative
4 Lebensjahr 6–12	Leistung gegen Minderwertigkeit	Nachbarschaft, Schule	Kompetenz intellektuell, sozial, physisch
5 Adoleszenz	Identität gegen Konfusion	Peergruppe und andere Leitfiguren	Selbstbild als eigene Person
6 frühes Erwachsenenalter	Intimität gegen Isolation	Partnerschaft, Sex, Konkurrenz, Kooperation	Fähigkeit zu dauerhaften Beziehungen und beruflichem Engagement
7 mittleres Erwachsenenalter	Generativität gegen Stagnation	Arbeitsteilung, gemeinsamer Haushalt	Verantwortung für Familie, Gesellschaft, Folgegeneration
8 Alter	Integrität gegen Verzweiflung	Menschheit, Generationen	Versöhnung mit dem eigenen Leben, Bereitschaft zu sterben

len Beziehungen und Bindungen zu tun. Deshalb spricht Erikson von psychosozialen Krisen und konzentriert sich auf acht große Krisen-Themen, die sich nacheinander im Laufe des Lebens stellen und zur Bewältigung herausfordern.

Die Tabelle zeigt einen »idealtypischen« Lebenslauf. In Wirklichkeit geht es natürlich nicht geordnet von Krise zu Krise und von Stufe zu Stufe bis zum »seligen Ende«, sondern mehr oder weniger durcheinander, und auch mal wieder rückwärts. Vorübergehende Regressionen auf frühere Entwicklungsstufen können aber nötig sein, um sozusagen einen Anlauf zu nehmen, eine neue Krise zu bewältigen und eine »höhere« Stufe zu erklimmen.

Das psychosoziale Entwicklungsmodell nach Erikson.

Burnout – eine neue Krankheit oder Gesundheit?

Ein viel besprochenes Phänomen, das im mittleren Erwachsenenalter auftritt, ist der »Burnout«: Wenn alles sinnlos wird, alles zuviel, nichts mehr Spaß macht, zu allem die Energie fehlt und sich beruflich wie persönlich eine »Null-Bock«-Stimmung breit macht. Der dazugehörige Konflikt in unserer Tabelle wäre »Generativität gegen Stagnation«. Die Lösung »Stagnation« würde bedeuten, dass alles zum Stillstand kommt und schließlich in Verzweiflung und Depression oder gar im Suizid endet. Man kann das Burnout-Phänomen allerdings auch mehr im generativen Sinn interpretieren.

Carl Gustav Jung, der einst Freuds Nachfolger werden sollte und dann sein größter Konkurrent wurde, meinte, dass in der ersten Lebenshälfte eine Seite der Person aktiv ist, während die andere passiv bleibt. Er nahm dafür das Symbol des »Schattens«. Der Schatten

Carl Gustav Jung (1875–1961), ein Schüler von Sigmund Freud, begründete die analytische Psychologie.

repräsentiert die nicht-gelebte Seite der Person. Burn-
out kann nun als der Prozess verstanden werden, bei
dem die bislang gelebte Seite sich zurückzieht, in den
Hintergrund tritt, damit die bislang ungelebte Seite
zum Leben kommt. Den bislang ungelebten »Schatten« anzunehmen nannte Jung das »Gesellenstück der
zweiten Lebenshälfte«. So können Männer, die stets hart
arbeiteten, die Freuden des Familienlebens entdecken
(falls noch Familie da ist) und harte Brocken können
das werden, was sie noch zehn Jahre zuvor als »Weich-
eier« verachtet hatten, also »milde« und liebevoll, oder
Frauen entdecken ihre Kompetenzen, machen den
Führerschein und beginnen eine späte Karriere.

Was uns wann wichtig ist			
	1.	**2.**	**3.**	**4.**
21 bis 34 Jahre	Beruf	Freunde	Familie	Unabhängigkeit
35 bis 54 Jahre	Familie	Beruf	Freunde	kognitive Leistungsfähigkeit
55 bis 69 Jahre	Familie	Gesundheit	Freunde	kognitive Leistungsfähigkeit
70 bis 84 Jahre	Familie	Gesundheit	kognitive Leistungsf.	Freunde
85 bis 105 Jahre	Gesundheit	Familie	Nachdenken ü. d. Leben	kognitive Leistungsfähigkeit

Solche Prozesse sind einfach beschrieben, aber teilweise schmerzlich zu durchleiden, denn man muss
sich von vertrauten Verhaltensweisen verabschieden
und kommt sich mit seinem neuen »Schatten« teilweise hilflos wie ein Erstklässler vor, so dass »frühere«
Gefühle wie Misstrauen, Zweifel, Scham, Schuld, Ver-
wirrung, Einsamkeit und Verzweiflung wieder einen
vorübergehenden Besuch abstatten.

In jeder neuen Krise sind wir schließlich Anfänger
bis hin zur letzten Krise, die wir als Neulinge beginnen, denn niemand kann schon zu Lebzeiten einschlä-
gige Erfahrungen sammeln, wie es ist zu sterben.

Vom Lernen und Vergessen

Berühmte Entdeckungen beginnen oft mit einfachen Beobachtungen. So war es auch mit einem russischen Physiologen, dessen Spezialgebiet die Verdauung war, die er bei Hunden studierte. Ihm war aufgefallen, dass seinem Hund schon beim Anblick des Futternapfes das Wasser im Mund zusammenlief. Jeder Hund entwickelt Speichelsekretionen, wenn er frisst. Dieser Hund jedoch produzierte schon Speichel beim bloßen Anblick des Napfes. Iwan Petrowitsch Pawlow (1849–1936) sah es so: Der Hund hatte »gelernt«, den Anblick des Napfes mit dem Geschmack des Futters zu assoziieren. Die Kardinaltugend eines Wissenschaftlers ist die Neugierde, und so war Pawlow neugierig und wollte herausfinden, ob ein Hund den Geschmack von Futter auch mit anderen Dingen als mit einem Napf assoziieren konnte, etwa mit einem Licht oder mit einem Ton, und er begann seine berühmt gewordenen Experimente und erfand das »klassische Konditionieren«.

Einem Hund das Maul wässrig machen: Die Pawlowschen Experimente

Dem Hund wird in den Rachen ein kleines Messinstrument eingesetzt. Dann kommt das Tier in einen schalldichten Raum und wird in die Experimentierstellung »eingeschnallt«, und zwar mehrere Male, damit es sich an die Umstände gewöhnt und sich ruhig verhält, wenn die Experimente laufen. Vor dem Hund steht eine Schale, die von außen mit Fleischpulver gefüllt werden kann. Die Speichelsekretion wird automatisch gemessen. Der Hund kann durch ein Einwegfenster gesehen werden, aber er selbst ist vor dem, was außen zu sehen und zu hören ist, geschützt.

Dann geht ein Licht an. Der Hund bewegt sich vielleicht ein wenig, aber er speichelt nicht. Nach ein paar Sekunden wird Fleischpulver in den Napf geleitet. Weil der Hund Hunger hat, wird er fressen. Der Anzeiger zeigt hohes Speichelaufkommen. Dies wird mehrmals wiederholt. Dann der nächste Schritt: Das Licht wird eingeschaltet, wenn das Fleischpulver gegeben wird.

Mehrmals. Dann aber wird kein Fleischpulver gegeben. Nur das Licht leuchtet. Und der Hund speichelt
doch! Er hat »gelernt«, das Licht mit Futter zu »assoziieren«.

Iwan Pawlow (1849–1936) mit der Anordnung für sein berühmt gewordenes Experiment. Er erhielt 1904 den Nobelpreis für Medizin.

Pawlow nannte das eine konditionierte Reaktion.
Dem Hund war beigebracht worden, oder er war konditioniert worden, das Licht mit Futter zu assoziieren
und mit Speichelsekretion zu reagieren. Normalerweise speichelt ein Hund, wenn er Fleisch schmeckt. Das
ist eine unbedingte Reaktion, die keinen Lernprozess
voraussetzt. Fleisch ist ein unbedingter Stimulus. Ein
Licht dagegen wird den Hund normalerweise nicht
zum Speicheln bringen – es ist ein neutraler Stimulus.
Nur wenn der Hund konditioniert worden ist, das Licht
mit Futter gleichzusetzen, läuft ihm das Wasser im
Mund zusammen. Deshalb ist das Licht ein konditio-
nierter Stimulus, der mit einem unkonditionierten
Stimulus, dem Futter, assoziiert wurde.

Und so haben wir nun die große Erfindung Pawlows, das klassische Konditionieren: ein neutraler Stimulus (Licht) wird mit einem unbedingten Stimulus
(Futter) verbunden, der eine unkonditionierte Reaktion
hervorruft (Speichelsekretion). Nach einer Weile
genügt der neutrale Stimulus (Licht) allein, um die
Speichelsekretion (nun eine konditionierte Reaktion)
zu bewirken.

Wissenschaft zum Fürchten: Der kleine Albert

Wie ist das bei Menschen? 1920 haben sich zwei amerikanische Forscher, John B. Watson und Rosalie Rayner, ein boshaftes Experiment ausgedacht, um zu zeigen, dass auch emotionale Reaktionen wie Angst »konditioniert« werden können. Ihre Versuchsperson war ein neun Monate altes Baby, »little Albert«. Der unkonditionierte Stimulus war ein plötzliches, lautes Geräusch, bei dem jeder Mensch in jedem Alter normalerweise erschrickt (unkonditionierte Reaktion), also eine Angstreaktion zeigt. Der konditionierte Stimulus war eine weiße Ratte. Nun wurden beide Stimuli, der konditionierte (Ratte) und der unkonditionierte (lautes Geräusch) gepaart – und das Kind entwickelte, wie zu erwarten, eine Rattenphobie. Es war nie von der Ratte gebissen worden – sie wurde ihm nur gezeigt. Das genügt, um die Verbindung von Ratte und Angst (über das Geräusch) zu etablieren. Wenn das Kind Pech hat, wird es eine Reizgeneralisation erleben, d. h. alles was pelzig ist, oder weiß, oder weiß und pelzig, wird Angst erzeugen. Rein theoretisch könnte es passieren, dass das Kind die ganze Sache vergisst, 20 Jahre später als erwachsener Mann eine Pelzmütze anprobiert – und eine Panikattacke erleidet, und keiner weiß warum.

Deshalb werden die Versuchsleiter die Angstreaktion, also die konditionierte Reaktion, wieder »löschen«. Die Prozedur der »Extinktion« ist einfach: dem Kind wird so lange eine weiße Ratte ohne Knall gezeigt, bis es keine Angst mehr hat. »Little Albert« indessen hatte Pech: Seine Mutter war mit ihm nach Unbekannt verzogen, bevor es dazu kommen konnte.

Die Macht der Belohnung: Operante Konditionierung

Man kann einen Hund zum Speicheln bringen, wenn man ihm einen Futternapf unter die Nase hält. Welcher unkonditionierte Reiz aber bringt ihn dazu, auf den Hinterläufen zu sitzen? Man kann ein Kind die Angst vor weißen Ratten lehren, aber welcher unkonditionierte Reiz veranlasst ein Kind automatisch, seine Hausaufgaben zu machen?

Eine Ratte in der Skinner-Box: zunächst berührt sie den Hebel nur zufällig. Sobald sie aber gelernt hat, dass er das Futter freigibt, drückt sie ihn immer häufiger.

Pawlows Art zu lernen – das klassische Konditionieren – gelingt allerdings nur, wenn zuerst eine »natürliche« Verbindung von Reiz und Reaktion besteht: Futter und Speichel, Knall und Erschrecken. Wenn solch eine »natürliche« Verbindung nicht gegeben ist, muss das Lernen – »Konditionieren« – anders organisiert werden.

Man hat vor allem mit Ratten und Tauben experimentiert, und der »Erfinder« der operanten Konditionierung war der Amerikaner B. F. Skinner. Er konstruierte dazu die nach ihm benannte »Skinner-Box«. Dieser Käfig ist leer mit einer Ausnahme: An der Frontseite ist ein kleiner Futterbehälter angebracht, mit einem Drücker darüber. Eine Lampe kann von außen bedient werden. Lässt man nun eine hungrige Ratte in den Käfig, wird sie unruhig darin herumlaufen und rein zufällig hin und wieder den Drücker berühren und dabei hinunterdrücken. Jedes Mal, wenn der Hebel gedrückt wird, fällt von außen ein Korn in den Futterbehälter, das die Ratte frisst. Nun passiert etwas Erstaunliches: der Hebel wird immer häufiger gedrückt, so dass die Ratte immer häufiger in den Genuss eines Korns kommt. Wird der Nachschub an Körnern unterbrochen, so dass nichts passiert, wenn der Hebel gedrückt wird, geht die Häufigkeit des Hebeldrückens schnell wieder zurück.

Man könnte auch sagen: Die Ratte hat schnell gelernt: wenn sie den Hebel drückt, kommt Futter. Aber das würde voraussetzen, dass im Kopf der Ratte etwas vorgeht. Skinner war es wichtig, nur auf das zu achten, was außen passierte, und keine Annahmen zu machen, was im Kopf der Ratte vor sich ging. Und so kam er zu dem Ergebnis: Egal was die Ratte denkt, wenn ihr Verhalten – das Drücken des Hebels – »positiv verstärkt« wird – also durch ein Korn belohnt –, wird sich das verstärkte Verhalten mehren. Volkstümlich gesagt: das Hebeldrücken wird belohnt, und was belohnt wird, wird immer häufiger gemacht. Hört die Belohnung oder die positive Verstärkung auf, lässt auch die Häufigkeit des verstärkten Verhaltens nach, es wird »gelöscht«. Wird negativ verstärkt, handelt es sich um das, was gewöhnlich Bestrafung heißt.

»Operant« heißt diese Art des Lernens, weil sie aktiv ist. Beim klassischen Konditionieren ist das Versuchstier passiv: es wird einem Reiz ausgesetzt. Skinners Ratte »operiert« dagegen aktiv, sie tut etwas und beeinflusst ihre Umwelt.

Operante Konditionierung funktioniert nicht nur bei Tieren, sondern auch bei Menschen. Der wohl bekannteste Verstärker ist Anerkennung, sei es in der Form von Lob oder von Geld. Deshalb spricht man ja auch von Be-Lohn-ung.

Lob: Auf die Dosierung kommt es an

Nun kann man die Art der Verstärkung variieren, und das Erstaunliche ist, dass zum Beispiel nicht gilt: je öfter, desto mehr. Partielle Verstärkung ist wirksamer als

Seltenes Lob wirkt stärker als ständiges. Das beweisen zum Beispiel die Spieler in Las Vegas, die immer wieder die Automaten füttern, obwohl sie nur selten einen Gewinn machen.

Körperliche Strafen schaden mehr als sie nützen – sie provozieren aggressive Handlungen der Kinder.

ständige. So wirkt ein seltenes Lob motivierender als ständiges Lob. Ein Golfspieler wird eine Leidenschaft für seinen Sport entwickeln, nicht weil jeder Schlag gelingt, sondern weil immer mal wieder einer gelingt, und die »einarmigen Banditen« in den Casinos von Las Vegas verstärken die Spieler unregelmäßig, so dass diese stundenlang mit wachsender Begeisterung die gleiche Armbewegung machen.

Neben der positiven Verstärkung gibt es die negative. Das heißt: etwas Negatives, wie Lärm oder elektrischer Strom, wird entfernt – als Belohnung –, so dass sich das Verhalten vermehrt. Dies wird z. B. in Foltersituationen angewandt. Wenn der Gefolterte spricht, werden das grelle Licht, quälender Lärm oder Elektroschocks abgeschaltet. Dies verstärkt die Bereitschaft des Gefangenen zu sprechen. Diese Form der operanten Konditionierung – wenn etwas Unangenehmes aufhört – nennt man auch Fluchttraining. Ein alltägliches Beispiel dafür ist die zunehmende Einnahme

Hilft Strafen?

Strafen gelten als effektives Lernmittel. Heutzutage weniger in der Schule, aber immer noch in vielen Bereichen des gesellschaftlichen Lebens – die Strafpunkte in Flensburg, Geldstrafen, Gefängnis. Was sagt die Wissenschaft? Ist es effektiver, gewünschtes Verhalten zu belohnen oder unerwünschtes Verhalten zu bestrafen? Generell haben sich zwei Erkenntnisse herauskristallisiert:

• Strafe ist oft weniger effektiv als Belohnung, weil sie nur vorübergehend ein Verhalten unterdrückt, es aber nicht abschwächt: »Wenn die Katze aus dem Haus ist, tanzen die Mäuse auf dem Tisch«.

• Strafe ist nur dann wirksam, wenn die Strafmaßnahme den »Täter« zu einer alternativen Verhaltensweise zwingt, die dann belohnt wird – »Zuckerbrot und Peitsche«.

von Schmerztabletten bis hin zur Tablettensucht. Die Tablette wirkt als negative Verstärkung: sie beendet den Schmerz. Dasselbe kann auch mit Alkohol passieren: Das Glas Wein am Abend beendet die unerträgliche Anspannung. Zugleich kann es als positiver Verstärker dienen, indem es als Belohung für die Arbeit fungiert. So entsteht eine Situation von positiver und negativer Verstärkung zugleich, was erklären würde, warum Workaholismus und Alkoholismus oft zusammen auftreten.

Das Aha-Erlebnis

Im Gegensatz zu der mechanistischen Auffassung der Behavioristen steht Wolfgang Köhler (1887–1967). In Experimenten mit Schimpansen hat er 1925 gezeigt, dass zum Lernen nicht nur die richtigen Reize oder Verstärker nötig sind, sondern, besonders wenn es um das Lernen von komplexen Problemlösungen geht, so etwas wie Einsicht nötig ist, dass also kognitive Prozesse eine wesentliche Rolle spielen. Seine Affen waren in der Lage, auf intelligente Weise, also durch Denken, und nicht nur durch Ausprobieren, zu Lösungen zu kommen. Hier eines seiner Experimente:

Der Schimpanse – Köhler hatte ihn Sultan getauft – sitzt im Käfig. Vor den Gitterstäben liegt eine Banane,

Vom Lernen und Vergessen

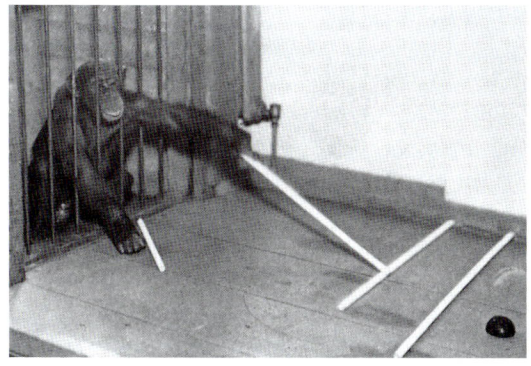

Kognitive Prozesse spielen beim Lernen eine wichtige Rolle: der Affe hat verstanden, dass der lange Stock sein Problem lösen kann.

die er mit dem kurzen Stock, den er zur Verfügung hat, nicht erreichen kann. Vor dem Käfig liegt ein längerer Stock, den Sultan nicht mit der Hand erreichen kann, aber mit dem kurzen Stock. Sultan versucht es mit dem kurzen Stock – vergeblich. Er versucht es mit einem Stück Draht, das er im Käfig findet, auch vergeblich. Er schaut sich lange um. Dann plötzlich nimmt er noch einmal den kurzen Stock und angelt sich damit den langen Stock, den er mit dem Arm nicht erreichen kann. Mit dem langen Stock holt er sich schließlich die Banane. Dem Beobachter fällt auf, dass ab dem Moment, wo Sultan den langen Stock erblickte, die ganze Aktion zielgerichtet, nicht mehr zufällig, war.

Wir würden sagen: Der Schimpanse hatte plötzlich eine Idee oder eine Einsicht: Wenn ich mit dem kurzen Stock den langen hole, kann ich mit dem langen die Banane holen. Es mag ein Aha-Erlebnis gewesen sein, als wäre ihm ein Licht aufgegangen.

Wie funktioniert **Lernen durch Einsicht**? Man weiß es nicht genau, mit Sicherheit kann aber Folgendes gesagt werden:
• Es kommt auf die Formulierung des Problems an.
• Wenn eine Lösung durch Einsicht erreicht wird, kann sie beliebig wiederholt werden. Der Schimpanse wird sich auch die nächste Banane außer Reichweite sofort wieder mit den Stöcken holen.
• Eine Lösung durch Einsicht kann auf neue Situationen übertragen werden. Es werden keine Reize assoziiert, sondern logische Zusammenhänge erkannt.

Wo ist meine Brille?
Gedächtnis: Erinnern und Vergessen

Ohne Gedächtnis kein Leben. Ohne Gedächtnis würden wir ständig dastehen wie ein neugeborener Säugling. Wir könnten uns nicht erinnern, wer und wo die Mutter ist, wie man seinen Daumen zum Lutschen in den Mund bringt oder wie man auf allen Vieren krabbelt: Ohne Gedächtnis gibt es kein Lernen.

Ohne Gedächtnis könnten wir uns nicht unterhalten. Wenn der andere zu reden aufhört, und wir haben schon vergessen, was er gesagt hat, können wir höchstens die Konversation neu beginnen, aber wir könnten unser Gegenüber nicht einmal mit Namen ansprechen, und weil das so peinlich wäre, würden wir auch noch »den Faden verlieren«.

Der Wert von sinnlosen Silben

Der erste Forscher, der sich mit Leib und Seele der Erkundung des Gedächtnisses verschrieben hatte, war Hermann Ebbinghaus (1850–1909). Er wollte möglichst wissenschaftlich vorgehen, und deshalb experimentierte er mit »Material«, das für alle Menschen gleich war, nämlich gleich sinnlos, und das waren sinnlose Silben. Er wollte neutrale Gedächtnisinhalte, die für die Person nicht mit irgendwelchen Bedeutungen und Erfahrungen verbunden waren. Sie sollten neu, neutral und nichts sagend sein. So »erfand« er künstliche Silben, wie etwa BOL, BUO, CEG, LOM, WUK, ZUP.

Als Versuchsperson nahm er vor allem sich selbst (was den Effekt hatte, dass er seine eigene Kontrollgruppe war, und die Ergebnisse nicht beeinflusst sein konnten von individuellen Differenzen in der Gedächtnisleistung). Er lernte endlos sinnlose Silben auswendig und maß mit einer Stoppuhr die Zeit, wie lange er sie behalten, wann er sie vergessen und nach welcher Zeit er sie wieder neu gelernt hatte. Es ging ihm um die »Behaltungsleistung«. Und was er entdeckte, war, was wir seit langem geahnt oder befürchtet hatten: Je öfter man eine Liste von Silben laut vorliest und auf

Hermann Ebbinghaus (1850–1909) leistete Pionierarbeit für die Erforschung des Gedächtnisses.

diese Weise auswendig lernt, desto besser und länger bleiben die Inhalte im Gedächtnis. Die Versuche von Ebbinghaus führten zu der so genannten »Vergessenskurve«. Diese Kurve zeigt im Bild, dass in den ersten 20 Minuten am meisten vergessen wird. Nach etwa einer Stunde erinnert man sich kaum mehr an die Half-

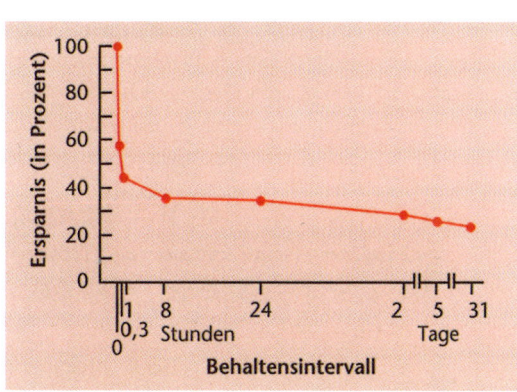

Die Vergessenskurve macht deutlich, dass der Schwund innerhalb der ersten Stunde dramatisch ist, danach verläuft die Kurve flacher.

te der Silben. In den ersten Minuten wird also mehr vergessen als im gesamten darauf folgenden Monat.

Die gute Nachricht: Sinnlose Silben werden besonders schnell vergessen, und wozu sollte man sich auch an sie erinnern. Dagegen merkt man sich zum Beispiel sinnvolle Silben – wie DAX, USA, BMW, ABC, UNO usw. – sehr viel leichter und länger.

Gedächtnis »macht« Sinn

Dies ist eine wichtige Beobachtung. Sie weist darauf hin, dass Gedächtnis nicht »neutral« ist. Es speichert offenbar nicht nur sinnlose Silben, sondern tut etwas mit diesen Silben, um sie besser aufbewahren und wieder hervorholen zu können. Es macht z. B. aus MEL ein »Mehl« oder eine »Melodie« oder ein »Melodram«. Wir nennen das normalerweise »Eselsbrücken«. Das Gedächtnis verknüpft die Daten mit bereits gespeicherten Informationen.

Für Ebbinghaus war das Gedächtnis eine passive Größe, die nur aufnahm und wiedergab, deshalb spricht man vom »reproduktiven« Gedächtnis. Das gilt wohl für sinnlose Silben. Aber offensichtlich hat das Gedächtnis die Tendenz, aus sinnlosen Silben sinnhafte Einheiten zu konstruieren, und diese Funktion des Gedächtnisses nennt man »konstruktives« Gedächtnis. Einer der »Väter« der konstruktiven Gedächtnisforschung ist der Amerikaner Frederic Bartlett (1886–1969), der Ebbinghaus widersprach – oder ihn ergänzte – und bewies, dass Gedächtnis- und Erinnerungsleistungen keine nur reproduktiven Tätigkeiten sind, sondern produktive, aktive, kreative oder konstruktive Leistungen. Wir erinnern uns nicht nur an das, was war, sondern wir organisieren diese Erinnerungsdaten in sinnvollen Schemata und Zusammenhängen.

Entsprechend ließ Bartlett nicht nur sinnlose Silben lernen, sondern arbeitete mit sinnhaften Geschichten und konnte zeigen, wie das Gedächtnis und die Erinnerung (die bekanntlich »vergoldet«), die Fakten so zurechtbogen, dass sie passten, wie folgende Untersuchung zeigt:

Die Versuchspersonen sollten eine etwas abstruse und fremdartige indianische Erzählung mit dem Titel »Der Krieg der Geister« zweimal in Ruhe lesen und später niederschreiben. Beim Schreiben wurde die Erzählung meist kürzer, Namen wurden nicht richtig erinnert, und andere Fehler schlichen sich ein, und diese waren für Bartlett besonders interessant. So fiel auf, dass aus fremdartigen Details, die den britischen Versuchspersonen nicht recht verständlich waren, vertraute Ereignisse und Handlungen gemacht wurden, und zwar bei Frauen und Männern auf unterschiedliche Weise. Die Nacherzählungen waren einfacher und mehr logisch-rational als das indianische Original. Verwirrende Details wurden »vergessen«, während andere, die die Geschichte plausibler machten, »erinnert« wurden. Die »Erinnerungen« glichen das Gelesene den eigenen Erfahrungs- und Erwartungshorizonten an.

Wie geht das: merken und erinnern?

Ob man sich nun sinnlose Silben einprägt oder an komplexe Geschichten erinnert – bestimmte Gesetzmäßigkeiten der Informationsverarbeitung gelten in beiden Fällen (wie beim Computer): Zum einen gibt es verschiedene Gedächtnissysteme, die dafür sorgen, dass Information aufgenommen wird, dass sie gespeichert wird und dass sie wieder abgerufen werden kann; zum anderen scheint es zwei verschiedene Gedächtnistypen zu geben: das Kurzzeit- und das Langzeitgedächtnis. Das – erweiterte – Kurzzeitgedächtnis wird auch »Arbeitsgedächtnis« genannt.

Für beide Gedächtnistypen ist die Informationsverarbeitung die gleiche. Man kann sich das an einem Beispiel klarmachen: Jemand stellt sich vor und sagt: »Guten Tag, ich bin Dr. Hans-Joachim Müller-Lüdenscheidt«. Und nun beginnt die Arbeit, die aus drei Arbeitsgängen besteht:

Enkodieren	**Speichern**	**Abrufen**
Ins Gedächtnis bringen	im Gedächtnis halten	aus dem Gedächtnis holen

Enkodieren bedeutet: Die Schallwellen, die mein Ohr erreichen, müssen so zubereitet und in »Gehirnsprache« übersetzt werden, dass sie merkbar sind; es handelt sich um auditives Enkodieren. Zugleich findet ein visuelles Codieren statt: die Lichtwellen, die mein Auge erreichen, müssen so übersetzt werden, dass Dr. Hans-Joachim Müller-Lüdenscheidt als Bild in meinem Gedächtnis eingeprägt ist.

Neben dem auditiven und visuellen Enkodieren kann auch nach anderen Sinneswahrnehmungen enkodiert werden. Sollte Dr. Hans-Joachim Müller-Lüdenscheidt sehr stark riechen, so oder so, wird er am Geruch wiedererkennbar sein, oder jemand, der blind ist, mag ihn berühren und die Informationen in Berührungssprache übersetzen.

Speichern

Im Bereich des Kurzzeitgedächtnisses, das etwa bis zu einer Minute reicht, ist man auf eine »heilige Zahl« gestoßen, nämlich die 7: Die meisten Menschen können sich 7 Einheiten, z. B. Silben, Zahlen oder Namen, merken – manche vielleicht nur 5, andere dagegen 9. Schon Ebbinghaus entdeckte, dass die durchschnittli-

Schon Ebbinghaus entdeckte, dass die durchschnittliche Speicherkapazität unseres Gedächtnisses bei 7 ± 2 liegt. Leider hat sich das in den sogenannten »Vorstellungsrunden« bei Seminarveranstaltungen noch nicht herumgesprochen, in denen sich die Teilnehmer namentlich bekannt machen sollen. Es ist nach den Erkenntnissen der Gedächtnispsychologie einfach nicht möglich, sich hintereinander 15 oder 20 Namen zu merken und den passenden Personen zuzuordnen.

che Speicherkapazität bei 7 ± 2 liegt. Das Kurzzeitgedächtnis arbeitet wie ein Schrank mit 7 Schubladen: Sobald alle voll sind, wird der Inhalt der untersten Schublade hinausgeworfen, damit oben wieder Platz frei wird für neue Information. Das Kurzzeitgedächtnis arbeitet – oder vergisst – nach dem »Displacement«-Prinzip. Der unterste Name wird entfernt, damit oben ein neuer Platz hat.

Nach diesem Prinzip ist auch der Telefonnummern-Speicher in Mobiltelefonen gebaut: die neueste Nummer wirft die älteste heraus. Vorstellungsrunden über 9 Personen hinaus sind also völlig sinnlos, zumal die Aufregung und das Wissen, dass man sich das nicht merken kann und damit beschäftigt ist, seinen eigenen Namen richtig zu erinnern, wenn man dran ist, dafür sorgen, dass die Aufmerksamkeit auf ein Minimum zurückgeht.

Man kann dem Displacement-Prinzip nur entgehen, wenn man ständig wiederholt. Instinktiv macht man das etwa, wenn man sich schnell eine Telefonnummer merken will, um sie gleich einzugeben: man sagt die Nummer in einer Tour vor sich hin, bis sie gewählt ist. Dass das funktioniert, könnte man auf zwei Wegen erklären: entweder verhindert das »Proben« oder »Wiederholen« der Information, dass neue Wahrnehmungen enkodiert werden, oder aber es findet ständig die gleiche Enkodierung statt, so dass, im Bild gesprochen, alle Schubladen mit derselben Telefonnummer gefüllt sind. Sollte die unterste herausfallen, kommt oben die gleiche Nummer nach.

Wir müssen uns wundern, dass wir uns immer noch daran erinnern können, dass sich ein gewisser Dr. Hans-Joachim Müller-Lüdenscheidt vorgestellt hat. Denn er besteht aus mehr als 7 ± 2 Buchstaben, ja, er besteht sogar aus über 10 Silben! Das liegt an einem Trick, der es erlaubt, unser Kurzzeitgedächtnis zu überlisten. Es lässt zwar immer nur 7 ± 2 Einheiten zu, aber es verhält sich wie ein Grenzbeamter, der den Befehl hat, nur 7 Fahrzeuge durchzulassen, aber nicht darauf achtet, ob es sich um Personen- oder Lastwagen handelt und was darin geladen ist. In der Informationsverarbeitungssprache heißen diese Lastwagen »chunks« (Klumpen), und unser Dr. Hans-Joachim Müller-Lüdenscheidt ist ein echter Chunkie. Ohne den Chunk-Trick könnten wir uns nur merken, dass da ein DOKTORM vor uns steht.

Es empfiehlt sich also, Informationen in Sinn-Einheiten in das Kurzzeitgedächtnis zu schmuggeln. HBBMWDBUNIUNO ist schwer zu merken, eigentlich gar nicht, aber wir haben mehr Erfolg, wenn wir diesen Buchstabensalat in handliche Portionen einteilen und zu uns nehmen. Dann vermindert sich die Zahl der Einheiten, die das Kurzzeitgedächtnis aufnehmen soll, von 13 auf 5: HB (Zigaretten), BMW (Auto), DB (Deutsche Bahn), UNI (Universität), UNO (United Nations Organization). Über Chunking gelingt es auch viel besser, die Informationen vom Kurzzeitgedächtnis ins Langzeit-Gedächtnis zu transportieren.

Abrufen

Wenn eine Information aus dem Kurzzeitgedächtnis abgerufen werden soll, geschieht das nicht direkt, sondern nach einer Art Suchdurchlauf oder Abtastvorgang (»scanning«). Deshalb braucht »Erinnern« ein wenig Zeit. Allerdings handelt es sich um Millisekunden, also Tausendstel einer Sekunde.

Zettelkasten und Staatsbibliothek: Kurzzeit- und Langzeitgedächtnis

Das Kurzzeitgedächtnis bezieht sich auf Vorgänge bis zu etwa 60 Sekunden. Dann beginnt das Langzeitgedächtnis, das sich von einigen Minuten auf einige Jahrzehnte erstreckt. Die beiden Gedächtnistypen können mit einem Notizzettel und einer Bibliothek verglichen werden: Das Kurzzeitgedächtnis hat nur Platz für 5 bis 9 Einträge, die sich allerdings leicht und schnell wiederfinden lassen. Das Problem mit dem Kurzzeitgedächtnis ist nicht das Erinnern, sondern die Tatsache, dass nur ausgewählte Notizen auf dem Blatt stehen, also die selektive Aufmerksamkeit. Das Langzeitgedächt-

nis ist eine riesige Bibliothek mit unendlich vielen Büchern – das Problem ist, sie zu finden.

Wie kann man sich etwas so merken, dass es wieder aufgefunden werden kann? Wie wir beim Chunking schon gesehen haben, werden sinnvolle Sachverhalte leichter gemerkt und erinnert als sinnlose Silben. Je mehr Sinn und Bedeutung eine Information für die Person hat, desto besser bleibt die Information im Gedächtnis und desto leichter kann sie abgerufen werden. Wenn Informationen über ihre Bedeutung enkodiert und gespeichert werden, spricht man vom »semantischen Gedächtnis«.

Eine Alternative ist die visuelle Enkodierung: Manche Menschen merken sich Dinge in Bildern. Beides führt zu besseren Gedächtnisleistungen: Eine Information mit Bedeutung zu verbinden oder mit Bildern. Oft arbeitet das Gedächtnis auch nach dem Prinzip: Doppelt genäht hält besser. Der Hochzeitstag wird zum Beispiel durch seine Bedeutung erinnert, aber es werden sich wohl auch Bilder dazu einstellen.

Emotionale Faktoren beim Vergessen

Grundsätzlich fällt Erinnern leichter, wenn die Situation der Enkodierung und Speicherung emotional hoch besetzt ist. Man wird viele Fernsehsendungen vergessen, aber an die, während der ein Feuer in der Woh-

Unser Langzeitgedächtnis gleicht einer Bibliothek mit unzähligen Bänden. Je besser sie sortiert sind, desto leichter lassen sich Informationen wiederfinden.

Was Peppermint Patty vielleicht nicht weiß: man erinnert sich leichter, wenn mit dem Akt des Lernens starke Gefühle verbunden sind – positiv wie negativ.

nung ausgebrochen ist, wird man sich eher erinnern als an andere.

Negative Emotionen können verhindern, dass das gespeicherte Wissen abgerufen werden kann. Das klassische Beispiel dafür ist die Prüfungsangst. Die erste Frage – Fehlanzeige. Die Angst steigt so, dass die zweite Frage missverstanden wird, was bewirkt, dass die dritte Frage gar nicht mehr richtig gelesen wird, und in Panik übersieht der Kandidat, dass es auch noch eine vierte Frage gibt. Er ist vielmehr damit beschäftigt, sich auszumalen, welche Schmach und welche Schande über ihn kommt, wenn bekannt wird, dass er durchgefallen ist. In dem Beispiel führt nicht die Angst an sich zum Erinnerungsverlust, sondern das Eindringen von Gedanken – Schmach, Schande – verhindert das Abrufen des Gelernten.

Eine andere Art von emotionaler Gedächtnisblockierung wird in der Psychoanalyse als Verdrängung oder Repression bezeichnet. Das Konzept besagt, dass traumatische, erschütternde Erlebnisse so gespeichert sind – im Unbewussten –, dass sie nicht erinnert werden können, sie sind »verdrängt«. Sie können nur abgerufen werden, wenn die Gefühle, die mit diesen Erlebnissen verbunden sind, gelindert werden, was normalerweise im Rahmen einer Therapie geschieht. Repression ist eine aktive Erinnerungsstörung. Der Zugang zu den gespeicherten Erinnerungen wird aktiv blockiert, und das unterscheidet die Verdrängung von anderen Formen von Erinnerungsversagen. Die Vorgänge der Repression wurden vor allem bei der Behandlung von Patienten in Psychotherapie erschlossen.

Wie lässt sich das Gedächtnis verbessern?

Beim Kurzzeitgedächtnis kann man relativ wenig tun – außer, wie wir gesehen haben, die Einheiten in »chunks« zusammenzufassen, was oft durch einfache Interpunktion möglich ist: Durch »Chunking« wird eine sinnlose Zahlenserie wie 200119841900 zu 2001, 1984 und 1900. Folgende Möglichkeiten bietet unter anderen das Langzeitgedächtnis:

- Die Eselsbrücken haben wir schon genannt. An zwei Begriffe wie Pferd und Tisch erinnert man sich leichter, wenn sie durch ein Bild verbunden werden: ein Pferd springt über einen Tisch.
- Eine weitere Art der Verbindung ist, Worte an Orte zu binden. Wenn man sich eine Reihe von Begriffen merken soll, geht man im Geiste durch die Wohnung und deponiert die Begriffe an verschiedenen Orten. Will man also seine Einkaufsliste im Kopf haben, geht man die Artikel durch und stellt die Eier in den Kühlschrank, den Essig aufs Fensterbrett, den Rollbraten auf den Tisch, das Klopapier auf den Stuhl, geht ins Wohnzimmer, legt die Zeitung auf den Tisch und stellt die Blumen ans Fenster.
- Die Enkodierung wird verstärkt, indem man das, was man sich merken will, in einen sinnvollen Zusammenhang stellt und die Bedeutung vertieft. Will man sich den Unterschied zwischen Kurzzeit- und Langzeitgedächtnis besser merken, wird man Beispiele suchen, die man selbst erlebt hat, und herausfinden, wie man das neue Wissen für sich selbst verwenden kann.
- Kontextlernen: Nicht immer wird es möglich sein, den Original-Kontext wieder herzustellen. Will man sich erinnern, wie der Arzt aus der Kindheit geheißen hat, kann man sich im Geiste sein Haus vorstellen, seine Praxis, wie er ausgesehen hat, was er gesagt hat, wie es gerochen hat – und irgendwann stellt sich dann auch sein Name ein.
- Wissen bleibt besser im Gedächtnis, wenn es organisiert ist, entweder in einer Geschichte oder in einer hierarchischen Ordnung.

Sportliche Höchstleistungen, Sechzehnstundentag oder soziales Engagement — was motiviert Menschen, was treibt sie an?

Was ist der Mensch?

Wenn wir von Motivation sprechen, geht es allgemein um die Frage: Warum tun Menschen das, was sie tun? Warum riskieren manche ihr Leben, um einen Berg zu besteigen, warum arbeiten andere 16 Stunden am Tag ohne Unterbrechung? Es geht um die Kräfte, die menschlichem Verhalten Antrieb und Zielrichtung geben.

Vernünftig, mechanisch oder triebhaft?

Der Begriff der »Motivation« ist nach wie vor umstritten – manche argumentieren, er sei einfach überflüssig. Er kam erst zu Beginn des 20. Jahrhunderts auf. Bis dahin wurde der Mensch als rationales und vernunftgesteuertes Wesen angesehen – das jedenfalls meinten die »Rationalisten«. Das Gegenteil, nämlich eine mechanistische Sichtweise, vertraten vor allem im 17. und 18. Jahrhundert Philosophen wie Descartes, Hobbes, Locke oder Hume. Sie waren überzeugt, dass wir uns »automatisch« so benehmen, wie wir uns benehmen. Innere oder äußere Kräfte bestimmten das Verhalten – automatisch, ohne dass wir es kontrollieren könnten. Hobbes z. B. meinte, ein Grundmechanismus, der all unser Tun und Lassen bestimmt, sei das Streben nach Wohlbefinden und das Vermeiden von Schmerz.

Die Mechanik des Lebendigen: Instinkte

Die extreme Ausprägung der mechanistischen Auffassung hat sich in der Instinkt-Theorie niedergeschlagen. Ein Instinkt ist eine biologische Kraft, die den Organismus veranlasst, sich »instinktiv«, also vorgegeben, auf eine bestimmte Art und Weise zu verhalten, wie es auch bei Tieren der Fall ist. Sie sind – da sie weder Seele noch Verstand haben – instinktgeleitet. Darwins Theorie, die zwischen Mensch und Tier mehr Ähnlichkeit als Verschiedenheit postulierte, öffnete sozusagen das Tor für die Instinkt-Theorie. Einer ihrer herausragenden Vertreter war William McDougall (1871–1938). Er behauptete, unser gesamtes Denken und Handeln sei durch vererbte Instinkte bestimmt und könne durch Lernen und Erfahrung nur mäßig modifiziert werden. In seinem Werk »Social Psychology« von 1908 geht McDougall von 10 Instinkten aus: Flucht, Ekel, Neugierde, Kampflust, Gewinnstreben, Selbstbehauptung, Fortpflanzung, Geselligkeit, Demut, Gestaltung. Später fügte er der Liste noch einmal 18 Instinkte hinzu – und hätte er länger gelebt, wäre er vermutlich zu der gleichen Anzahl von Instinkten gekommen, wie es Verhaltensweisen gibt.

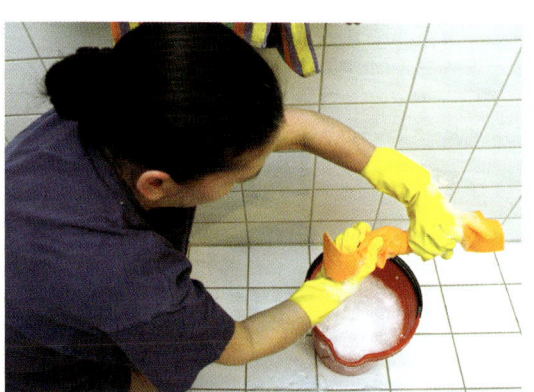

Alles reine Instinktsache? Der englische Psychologe William McDougall stellte die Theorie auf, unser Denken und Handeln sei vor allem durch vererbte Instinkte bestimmt.

Triebtäter: Bedürfnisse befriedigen

Es wurde bald deutlich, dass man zu viele »Instinkte«
brauchte, um alles Verhalten zu erklären. Der Putzfim-
mel wurde durch einen Sauberkeitsinstinkt erklärt, die
Rivalität durch einen Rivalitätsinstinkt, die Eifersucht
durch den Eifersuchtstrieb. So weit getrieben, erklärt
die Instinkt-Theorie nichts mehr – sie wird tautolo-
gisch, d. h. erklärt alles mit sich selbst, und die einzige
theoretische Annahme, die übrig bleibt, ist, dass alles
durch einen Trieb angetrieben wird. Diese Theorie beschreibt Verhalten, aber erklärt es nicht.

Von den Anthropologen kam zudem das Argument,
dass viele in unserer Kultur geläufigen Instinkte in anderen Kulturen nicht zu beobachten waren. Der Kampf-
instinkt ist z.B. nicht universell – es gibt kampflose
oder zumindest kampfarme Kulturen.

Deshalb wurde in den 20er Jahren des vorigen Jahrhunderts die Instinkt-Theorie ersetzt durch das Konzept der Triebe. Ein Trieb ist ein Zustand, der von
einem biologischen Bedürfnis ausgeht, zum Beispiel
dem Bedürfnis nach Nahrung, Wasser, Sauerstoff oder
dem Vermeiden von Schmerz. Der Organismus gerät
in eine Art Triebspannung (Hunger) und das Verhalten
(Nahrungssuche) zielt darauf ab, die Spannung abzu-
bauen (durch Essen). So entsteht eine Motivations-
theorie, die auf dem Konzept des Spannungsabbaues
beruht.

Alles im grünen Bereich:
Das Konzept der Homöostase

Die zugrunde liegende Idee ist aus der Biologie übernommen, wo man vom Prinzip der Homöostase
spricht. Nach diesem Prinzip wird zum Beispiel die
Körpertemperatur geregelt. Eine gleich bleibende Tem-
peratur wird erreicht, indem der Körper bei Kälte dafür
sorgt, dass er warm bleibt: Die Blutgefäße ziehen sich
zusammen, so dass die Wärme innen bleibt, und das
Zittern vor Kälte wärmt, weil der Organismus mehr
Kalorien verbrennt. Wenn es warm wird, weiten sich
die Gefäße, und der Schweiß sorgt für die Kühlung der

Haut. Auf diese Weise wird die Körpertemperatur relativ konstant gehalten.

Unter dem Aspekt der Homöostase betrachtet, ist ein »Bedürfnis« ein physiologisches Ungleichgewicht oder eine Abweichung vom optimalen Zustand; das psychologische Gegenstück ist der »Trieb«. Wenn das physiologische Gleichgewicht wieder hergestellt ist, vermindert sich der Trieb und die Aktivität der Triebbefriedigung hört auf. Psychologen haben das Prinzip der Homöostase ausgeweitet und gehen davon aus, dass jedes physiologische oder psychologische Ungleichgewicht ein Verhalten aktiviert, das wieder zum Gleichgewicht führt. Die Spannung nimmt ab, Ausgeglichenheit kehrt ein. Theoretisch.

Der amerikanische Physiologe Walter Cannon (1871–1945) entwickelte das Konzept der Homöostase: jeder Organismus verfügt demnach über Regulationsmechanismen, die dafür sorgen, dass das physiologische und auch das psychologische Gleichgewicht immer wieder hergestellt werden.

Halb zog sie ihn, halb sank er hin:
Anreize – »incentives«

Diese Triebabfuhr- oder Spannungsminderungs-Theorie konnte nicht alles Verhalten erklären. Es ist offensichtlich, dass der Organismus nicht ausschließlich durch innere Triebe gesteuert wird. Äußere Anreize – »incentives« – können ebenso zu gewissen Verhaltensweisen motivieren.

Leckeres Gebäck im Schaufenster kann einen Menschen hungrig machen, der keinen Hunger hat. In diesem Fall aktiviert der Anreiz den Hunger. Ein sattes Tier fängt wieder an zu fressen, wenn es ein anderes fressen sieht. Die Motivation ist in diesem Fall nicht ein innerer Trieb, sondern ein äußerer Anreiz.

Mehr noch: man kann Phänomene beobachten, die dem Konzept der Homöostase als Triebbefriedigung zur Erreichung eines ausgeglichenen Zustandes widersprechen. Manche Menschen wollen die Spannung nicht senken, sondern steigern: sie fahren Achterbahn, besteigen vereiste Berggipfel und springen an Gummiseilen in die

Auch äußere Anreize können zu bestimmten Verhaltensweisen motivieren: leckeres Gebäck im Schaufenster lässt die Diätvorsätze zusammenbrechen.

Für manche ist nicht Senkung, sondern im Gegenteil Steigerung der Spannung der Anreiz.

Tiefe oder an einem Schirm aus einem Flugzeug – was die Spannung in schwindelnde Höhen treibt.

Neuere Motivationstheorien konzentrieren sich deshalb mehr auf die Rolle der Anreize (»incentives«) – also der motivierenden Dinge oder Bedingungen in der Umwelt. Der Organismus geht auf positive Anreize zu und meidet negative. Für ein durstiges Tier ist Wasser ein positiver Anreiz; für einen hungrigen Hund wird ein scharf gewürztes Fleisch zum negativen Anreiz, weil es Schmerz verursacht. Für einen sexuell erregten Mann ist eine attraktive Frau ein positiver Anreiz. Für ein gebranntes Kind ist eine Herdplatte ein negativer Anreiz. Anreize haben zwei Funktionen: sie erregen den Organismus, und sie lenken Verhalten entweder auf sich (attraktive Frau) oder von sich weg (glühende Herdplatte).

Hunger

Hunger und Nahrungsaufnahme werden von homöostatischen Regulierungen des Körpers, von äußeren Reizen und von sozialen Faktoren beeinflusst. Wenn der Körper keinen »Nachschub« an nötigen Nahrungsmitteln bekommt, wird er seine eigenen Reserven aktivieren, z.B. die Fettreserven. Sind auch sie aufgebraucht, wird er immer heftiger nach Nahrung suchen.

Wir wissen um die Wirkung von äußeren Reizen – »das Auge isst mit«: wenn der Körper bereits genug Nahrung aufgenommen hat, fällt es dennoch schwer, sich nicht von der schön zubereiteten Nachspeise verführen zu lassen. In guter Gesellschaft isst man vielleicht mehr, als der Körper braucht, sitzt man hingegen allein zu Hause am Tisch, oder muss sich seinen Nachtisch selber zubereiten, ist man eher bereit, darauf zu verzichten. Viele Menschen verlieren den Appetit, wenn sie um einen anderen trauern, andere trösten sich mit Essen und setzen »Kummerspeck« an.

Fakten zum Fressen

Viele misslungene Diäten und immer neue Versuche mit Wundermitteln zeugen davon, wie sehr sich Menschen mit ihrem Gewicht quälen, und wie schwierig es zu sein scheint, es nach Wunsch zu beeinflussen. Es ist hilfreich, die Fakten zur Kenntnis zu nehmen, die uns über Hunger und Essverhalten zur Verfügung stehen.

Es gibt einen Ort im Gehirn, der Hunger und Nahrungsaufnahme steuert: der Hypothalamus. Man hat beobachtet, dass bei Verletzungen oder Erkrankungen des Hypothalamus die Kranken zu viel essen und übergewichtig werden. Ein Bereich im Hypothalamus ist dafür zuständig, den Menschen zu bewegen, dass er anfängt zu essen – der laterale Hypothalamus – und der andere dafür, dass er aufhört zu essen – der ventromediale Hypothalamus. Diese beiden Bereiche arbeiten offenbar zusammen, um zwei Kontrollsysteme zu etablieren: Das eine System sorgt dafür, dass die unmittelbaren Nahrungsbedürfnisse des Körpers beachtet werden, indem es uns »sagt« wann wir essen sollen und wann wir aufhören sollen zu essen. Das zweite Kontrollsystem arbeitet mehr auf lange Sicht: Es sorgt

Wie wird der Appetit angeregt oder gezügelt?

Drei Faktoren sind entscheidend:

• Der Blutzuckerspiegel. Wenn er fällt, wird dem Hypothalamus gemeldet, dass er seinen Besitzer zum Essen bewegen soll. Erst wenn der Blutzuckerspiegel wieder im grünen Bereich ist, kommt vom Hypothalamus der Befehl: »Essen einstellen«. Aber diese Regelung erfolgt langsam. Bevor der Befehl ankommt und wahrgenommen wird, haben wir schon längst weitergegessen. Deshalb sind Pausen zwischen den Gängen günstig.

• Der Magen bzw. die Magenwand reagiert wesentlich schneller. Bei Tierversuchen konnte man feststellen, dass die Tiere wesentlich weniger als sonst üblich fraßen, wenn die Nahrung direkt in den Magen geleitet wurde. Ein leerer Magen krampft sich zusammen und »knurrt«. Ein voller Magen hat gedehnte Magenwände und signalisiert so dem Hypothalamus, die Nahrungsaufnahme einzustellen.

• Ein dritter Faktor ist die Außentemperatur, die sich auf die Hirntemperatur niederschlägt. Ein kühles Hirn signalisiert »essen!«. So entsteht der Winterspeck. Und die Frühjahrsdiät sollte am besten in den Sommer verlegt werden, denn höhere Temperaturen zügeln den Appetit.

dafür, dass das Körpergewicht relativ stabil und konstant bleibt.

Wie bleibt das Körpergewicht stabil?

Die meisten wild lebenden Tiere halten ihr Gewicht ihr ganzes Leben lang relativ stabil, auch wenn die Nahrung zu Zeiten reichlich und zu anderen Zeiten spärlich ist. Menschen haben es damit schwerer, weil ihr Essverhalten stärker durch emotionale und soziale Einflüsse geprägt wird. Und doch sorgt der Hypothalamus mit einem ausgeklügelten System dafür, dass unser Gewicht insgesamt eher zur Konstanz neigt und wir nicht tägliche oder wöchentliche Schwankungen von mehreren Kilogramm Körpergewicht haben. Es geht langsam, besonders mit dem Abnehmen.

Appetitmacher

Geschmack und Geruch beeinflussen die Nahrungsaufnahme und aktivieren Verdauungsmechanismen: Speichel fließt, Insulin wird freigesetzt, die Magenwände weiten sich. Diese Reaktionen setzen schon ein, wenn man etwas Wohlschmeckendes und Wohlriechendes nur sieht oder auch nur daran denkt! Auch bei Versuchstieren konnte eine erhöhte Aktivität des Hypothalamus nachgewiesen werden, wenn sie ihr Futter nur sahen: bei ihrem Lieblingsgericht schlugen die Messungen der Neuronengeschwindigkeit heftig aus, bei Durchschnittsfutter nur mäßig und bei Ungenießbarem überhaupt nicht.

Wir essen Speisen, nicht Kalorien

Wir essen nicht Kalorien, sondern Speisen, und die Speisen, die die Kalorien enthalten, sind weitgehend kulturell bestimmt. Weinbergschnecken oder Austern sind für manche Menschen appetitanregend, und sie geben viel Geld aus, um ihren Hunger danach zu stillen; für andere sind sie ekelerregend, und sie geben viel dafür, wenn sie keine Schnecken und Austern essen müssen. Was schmeckt, wird gut verdaut, Ekliges führt zu Verdauungsschwierigkeiten. Ein indischer

Übergewicht entsteht, wenn die körpereigenen Regulationsmechanismen für Hunger und Nahrungsaufnahme versagen und der Körper mehr Kalorien aufnimmt, als er verbrauchen kann.

Curry mag einem Bayern eine Nacht lang Bauchschmerzen bereiten, während einem Inder ein bayerischer Kartoffelknödel schwer im Magen liegen mag – und das hat nichts mit dem Kaloriengehalt zu tun. Was essbar ist, müssen wir lernen, und die Vermeidung bestimmter Speisen hat nicht nur kulturelle Wurzeln: wenn nach dem Verzehr einer Speise Übelkeit auftritt, kann es zu einer dauerhaften Aversion kommen. Aversions-Therapien machen sich das nach dem Prinzip der klassischen Konditionierung zunutze: Wenn ein bestimmtes Genussmittel – z. B. Alkohol – mit Übelkeit und Erbrechen gekoppelt wird, wird einem »schon vom Anblick« desselben schlecht, und man wird es meiden.

Lasst dicke Männer um mich sein: Fettsucht

Übergewicht ist zu einem großen Gesundheitsproblem vieler westlicher Länder geworden. Dicke haben oft unter Vorurteilen zu leiden, man hält sie für »charakterschwach«, »emotional gestört« oder »liebeshungrig«. Während dies nicht in jedem Fall ausgeschlossen werden kann, ist es bislang noch nicht gelungen, Übergewichtige mit einer bestimmten Persönlichkeitsstruktur oder einem biographischen Zug – wie schwierige Kindheit – zu verbinden: Dicke sind so verschieden in Persönlichkeit und Lebenserfahrung wie Dünne. Deshalb hat man sich darauf konzentriert, herauszufinden, welche äußeren und inneren Faktoren das Essverhalten beeinflussen.

Untersuchungen und Experimente lassen den Schluss zu, dass übergewichtige Menschen anfälliger für Essensreize sind als untergewichtige. Wenn etwas gut schmeckt oder auch nur als gut schmeckend gilt, essen Übergewichtige mehr davon als andere, wenn es aber schlecht schmeckt, essen sie weniger davon.

Auch auf den Anblick von Essen reagieren Übergewichtige stärker: In einem Versuch mit Nüssen aßen die Dicken wesentlich mehr davon, wenn die Nüsse hell beleuchtet waren, während Normalgewichtige und »Dünne« sich von der Beleuchtung, egal ob hell oder dunkel, in keiner Weise beeinflussen ließen.

Eine große Rolle spielt die Zeit. In einem Experiment unter amerikanischen College-Studenten stellte sich heraus, dass die »Dicken« umso mehr essen, je näher die übliche Essenszeit rückt, während es bei den »Dünnen« eher umgekehrt war, weil sie sich den Appetit nicht verderben wollten.

Fette essen weniger: Innere Anreize

Übergewichtige Menschen sind oft Stress-Esser. Wenn sie angespannt oder ängstlich sind, brauchen sie etwas zwischen die Zähne, während die Normal-Gewichtigen mehr essen, wenn sie entspannt sind.

In einem Versuch wurden den Probanden verschiedene Filme gezeigt: Drei Filme waren auf- bzw. anregend: traurig, lustig und sexy. Der vierte war einfach ein langweiliger Reisebericht. Normalgewichtige knabberten bei jedem der vier Filme im Schnitt gleich viel. Die Übergewichtigen hingegen knabberten bei den auf- und anregenden Filmen weit mehr als bei dem langweiligen.

Ein erstaunlicher Befund: Übergewichtige machen öfter Diätkuren als Normalgewichtige.

Man nimmt an, dass übergewichtige Menschen sich schwerer tun, zwischen inneren Zuständen zu unterscheiden. Aufregung ist Aufregung, ob sie nun angespannt, ängstlich, erregt oder hungrig sind: alles ist wie Hunger – oder wird in Hunger übersetzt.

Ein zunächst erstaunlicher Befund ist, dass Übergewichtige mehr Diätkuren machen als andere. Es gibt Hinweise darauf, dass eine Diät zu mehr Nahrungsaufnahme führen kann. So kann bei Menschen, die sich ständig zurückhalten beim Essen, eine Art »Dammbruch« stattfinden, wenn sie einmal richtig zulangen – und dann können sie sich nicht mehr bremsen. Menschen, die sich nicht ständig beim Essen kontrollieren (»unrestrained eaters« – »ungezügelte Esser«) folgen stärker ihren natürlichen Hungersignalen. Die »gezügelten Esser« erleben einen »Dammbruch« als Versagen, was Stress erzeugt, der wiederum zu mehr Essen führt, die Figur geht aus dem Leim, was das Selbstwertgefühl drückt, was noch mehr belastet – und geraten so in einen Teufelskreis.

Sind Dicke von Natur aus dick?

Wenn die Nahrungsaufnahme vom Hypothalamus gesteuert wird, könnte man annehmen, dass zur Fettleibigkeit neigende Menschen ein Kontrollsystem im Gehirn haben, das mehr und öfter zur Nahrungsaufnahme auffordert und langsamer und weniger das Essen stoppt.

Ein anderer Aspekt ergibt sich, wenn wir die Fett-Situation bei Übergewichtigen im Vergleich zu normalgewichtigen Personen anschauen. Körperfett ist in Fettzellen gespeichert. Übergewichtige haben größere Fettzellen, vor allem aber mehr, manche dreimal so viele wie Normalgewichtige. Die Entscheidung, wie viele Fettzellen ein Mensch hat, fällt früh im Leben, etwa bis zum zweiten Lebensjahr, und bleibt dann ziemlich konstant. Ein Überangebot an Kalorien vermehrt nicht die Fettzellen, es vergrößert sie, ebenso wie Fasten die Fettzellen nicht vermindert, sondern nur verkleinert. Menschen mit einer hohen Anzahl von Fettzellen haben also mehr »Kapazität« für Körperfett. Sie können mehr Fett zulegen als andere. Dies bedeutet, dass jeder Mensch sein eigenes Fett-Level hat – sozusagen sein

Wohlfühlgewicht. Grundsätzlich gilt, dass Übergewicht entsteht, wenn der Organismus mehr Kalorien aufnimmt, als er verbraucht. Zur Gewichtskontrolle, falls man sich dazu entschließen sollte, wäre also eine Doppelstrategie sinnvoll: Weniger Kalorien aufnehmen, mehr abgeben, was bedeutet: weniger (Fett) essen, mehr Bewegung. Studien belegen, dass bei extremer körperlicher Inaktivität der Sättigungskontrollmechanismus des Hypothalamus außer Gefecht gesetzt wird. Je fauler man wird, desto weniger merkt man, ob man satt ist.

Schlimmer als Heimweh: Durst

Ohne Essen kann man wochenlang überleben, ohne Wasser nicht länger als ein paar Tage. Deshalb scheint der Organismus keine großen Spielräume zu gewähren für kulturelle oder psychologische Variationen von Wasseraufnahme. Eng definierte und zuverlässige Mechanismen, die vom Gehirn gesteuert werden, sorgen dafür, dass wir immer genug Wasser haben.

Der Körper besorgt sich auf zwei Wegen Wasser.

Auch ein starker Motivator: Durst.

Zunächst durch die Zufuhr von Flüssigkeit: wenn der Wasserpegel fällt, entsteht Durst, der dafür sorgt, dass wir trinken. Der zweite Möglichkeit besteht darin, weniger Wasser auszuscheiden: ein Hormon aktiviert die Nieren, Wasser nicht in Urin zu verwandeln, sondern dem Körperkreislauf wieder zuzuführen. Deshalb ist am Morgen der Urin meist konzentrierter als tagsüber. Dasselbe gilt auch bei einem langen Dauerlauf, während dem beide Wasserquellen aktiviert werden: Bei einem Marathon wird alle 5 km getrunken, ohne dass die Läufer immer öfter in die Büsche müssten: Die Nieren verarbeiten so wenig Wasser wie möglich, damit die Hydration auf einem bestmöglichen Pegel bleibt. Dabei achten die Läufer darauf, dass sie auch trinken, wenn sie noch keinen Durst spüren, denn nach dem Signal »Durst« und dem Trinken vergehen noch etwa 12 Minuten, bis der Körper das getrunkene Wasser absorbiert und für seine Zwecke verwendet.

Es gibt keine nennenswerten Trinkstörungen – im Gegensatz zu Essstörungen –, zumindest so lange es um Wasser geht. Es gibt zwar eine Trunksucht, genau wie die Fresssucht, aber sie bezieht sich normalerweise nicht auf Wasser, sondern auf Alkohol.

Die Regulierung der optimalen Hydration geschieht ebenfalls über den Hypothalamus und wird im Wesentlichen von physiologischen, biochemischen und hormonellen Faktoren gesteuert. Deshalb ist wohl wahr: Durst ist schlimmer als Heimweh. Gegen Durst hilft nur Wasser, aber keine psychologische Intervention.

Sex: Gehört er zum täglichen Brot?

Sex ist ein äußerst wirksamer Motivator, unterscheidet sich aber in vieler Hinsicht von Hunger und Durst. Sex ist zum Überleben des Organismus nicht nötig, wie Nahrung und Wasser, aber sehr wohl zur Erhaltung der Art. Essen und Trinken gleichen Defizite im Stoffwechselprozess aus. Durch Sex wird kein Stoffwechseldefizit ausgeglichen, im Gegenteil, sexuelle Aktivitäten führen dem Organismus nicht Energie zu, sondern kosten Energie. Sexualverhalten resultiert aus einer Kombination von inneren physiologischen Vorgängen (Hormone und Hirnfunktionen), psychologischen Vorgängen (Emotionen, Affekte) und äußeren Anreizen sowie Umständen (Kleidung, Ambiente).

Bei Tieren ist das Sexualverhalten stark hormongesteuert und läuft in Verhaltensmustern ab, die dem Reiz-Reaktions-Modell entsprechen. Beim Menschen ist der Spielraum größer. Hormone legen nicht direkt bestimmte Muster von Sexualverhalten fest; sie versetzen die Menschen in einen Zustand von mehr oder weniger Bereitschaft oder »Appetit«. Soziale Verhaltensregeln üben einen starken Einfluss aus. Nacktheit zum Beispiel kann in bestimmten sozial definierten Situationen bei gleichem Hormonstand sexuell sehr

Sexualverhalten – eine Mischung aus physiologischen Vorgängen, psychologischen Prozessen und äußeren Anreizen.

anregend wirken (zwei Liebende zu Hause), in anderen Situationen eher neutral sein (viele Unbekannte in der öffentlichen Sauna). Grundsätzlich gilt: Je höher entwickelt die Art ist, desto vielfältiger sind die Einflüsse, die Sexualverhalten beeinflussen, und desto komplexer sind die Wechselwirkungen dieser Einflüsse auf das Verhalten. Ratten können durch elektrische Stimulation am Hypothalamus zur Kopulation nach dem immer gleichen Muster gebracht – und davon abgebracht – werden. Bei höheren Säugetieren ist dieser eindeutige Reiz-Reaktions-Ablauf nicht mehr möglich.

OEG: Ohne Erfahrung gut – Ratten, Affen, Menschen

Ratten brauchen zum Kopulieren keine Erfahrung. Unerfahrene Ratten kopulieren genauso effektiv wie erfahrene. Das »Programm« ist festgelegt und läuft ab wie in einer Waschmaschine. Je höher wir in der Entwicklung der Säugetiere kommen, desto mehr spielen Erfahrung und Lernen wichtige Rollen im Sexualverhalten.

Eine »mittlere Position« zwischen Ratten und Menschen scheinen die Affen einzunehmen. Bereits 60 Tage nach ihrer Geburt fangen junge Affen an, das Kopulierverhalten der Alten nachzuspielen und perfektionieren es im Laufe der Zeit. Affen, die in Isolation aufwachsen – zum Beispiel in Käfigen, wo sie andere Affen sehen können, aber sonst keinen Kontakt mit ihnen haben – sind gewöhnlich nicht in der Lage zu kopulieren, wenn sie erwachsen sind. Männliche Affen sind zwar in der Lage, bis zur Ejakulation zu masturbieren und tun das so häufig wie »normal« aufgewachsene. Aber wenn sie ein Weibchen vor sich haben, wissen sie nicht, wie sie sich anstellen sollen.

Affen, die ohne Peer-Kontakte aufwachsen, sind in vielen Beziehungen verhaltensbehindert. Harlow hat aus seinen Experimenten mit Rhesusaffen gefolgert, dass normales heterosexuelles Verhalten bei Primaten von drei Faktoren abhängt:

- von der Entwicklung von spezifischen sexuellen Reaktionen, zum Beispiel das Greifen nach dem Weibchen und Stoßen des Beckens
- vom Einfluss von Hormonen
- von der emotionalen oder affektiven Beziehung zum anderen Geschlecht. Die affektive Beziehung entsteht durch die Kontakte mit der Mutter und den Peers.

Es ist zwar problematisch, von Affen auf Menschen zu schließen, aber gewisse Parallelen scheinen durchaus plausibel. Aus der klinischen Erforschung und Behandlung von sexuellen Störungen wissen wir, wie wichtig bei Menschen die affektive Verbindung ist, damit »die Chemie« stimmt, die Angst mäßig bleibt und die Freude am Spielen und Entdecken das aktiviert, was Hormone und Verhaltensmuster an sexuellem Verhalten ermöglichen.

Je höher ein Säugetier in der Entwicklung steht, desto wichtiger sind Erfahrung und Lernen für das Sexualverhalten. Menschenaffen wie Gorillas brauchen die affektive Beziehung zur Mutter und zu Gleichaltrigen, um normales heterosexuelles Verhalten zu entwickeln.

Tiere haben Sex, Menschen lernen Sex: kulturelle Einflüsse

Menschliches Sexualverhalten ist stark kulturell geprägt. Jede Gesellschaft unterwirft die Sexualität gewissen Einschränkungen. Inzest (sexuelle Beziehungen innerhalb der engeren Familie) ist in fast allen Kulturen verboten.

Andere sexuelle Aktivitäten – »Doktorspiele« unter Kindern, Homosexualität, Masturbation und vorehelicher Sex – sind in verschiedenen Kulturen in unterschiedlichem Maß geduldet. In illiteraten Kulturen finden Anthropologen eine große Bandbreite von erlaubten sexuellen Variationen vor. Es gibt Gesellschaften, die die Kinder zu autoerotischen Aktivitäten ermutigen ebenso wie sexuelle Spiele unter Kindern. Ihnen werden sexuelle Praktiken beigebracht oder sie können Erwachsenen beim Sex zusehen. Die Chewa in Afrika zum Beispiel glauben, dass Kinder Sex einüben müssen, damit sie als Erwachsene Eltern werden können. Bei den Sambias in Neuguinea leben Jungen von der Vorpubertät bis zur Heirat mit anderen Männern zusammen und sind dabei auch homosexuell aktiv.

Im Gegensatz dazu gibt es sehr restriktive Gesellschaften, die kindliche Sexualität kontrollieren – oder dies zumindest versuchen – und verhindern – oder dies zumindest versuchen –, dass Kinder von Sex überhaupt etwas erfahren. Die Cuna in Südamerika glauben, dass Kinder von Sex überhaupt nichts wissen sollten, solange sie nicht verheiratet sind; folglich dürfen diese Kinder nicht einmal zusehen, wie Tiere Junge werfen. Und bei den Ashanti in

Sexualität ist in allen Gesellschaften Einschränkungen unterworfen, die sich aber immer wieder verändern und verschieben können.

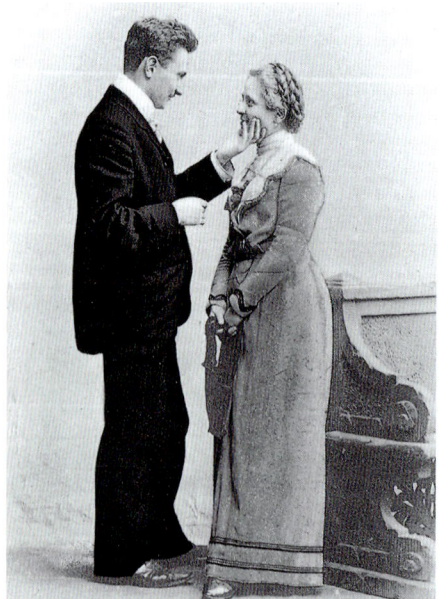

Afrika werden beide für Geschlechtsverkehr mit dem Tode bestraft, wenn das Mädchen noch nicht den Initiationsritus vollzogen hat. Ähnliche Extreme gelten auch für andere Aspekte von Sexualverhalten; Homosexualität gilt bei einigen illiteraten Gesellschaften als wichtige Erfahrung für das Erwachsenwerden, während sie bei anderen unter Todesstrafe steht.

Auch die westliche Gesellschaft zeigte sich bis weit ins 20. Jahrhundert hinein restriktiv. So wurde beispielsweise vorpubertäre Sexualität nicht zur Kenntnis genommen und Sigmund Freuds »Drei Abhandlungen zur Sexualtheorie« von 1905, in denen er die kindliche Sexualität (die es angeblich nicht gab) beschrieb, konnten in England erst 1949 erscheinen. Als erlaubt galt ausschließlich ehelicher Geschlechtsverkehr. Andere Variationen von Sexualverhalten – homosexuelle Handlungen, oral-genitale Kontakte, vor- und außerehelicher Sex – waren geächtet und oft durch Gesetz verboten. Natürlich gab es diese Aktivitäten, aber sie waren für die einzelnen Personen oft mit Gewissensängsten, Schuld- und Schamgefühlen verbunden.

Sex: Alles bleibt besser

Die Haltung zur Sexualität hat sich über die letzten Jahrzehnte weitgehend gelockert. Zu einem gewissen Grad scheint die Gesellschaft »toleranter« geworden zu sein, zumindest, was das »Reden über« und Zeigen von Sexualität betrifft. Nacktfotos mit anzüglichen Texten, wie sie regelmäßig auf den Titelseiten von Boulevardzeitungen erscheinen, wären vor 40 oder 50 Jahren nur im »Playboy« möglich gewesen, der aber nicht öffentlich im Supermarktregal auslag.

Darf man den Zahlen trauen, hat sich die Haltung zum vorehelichen Sex deutlich nachweisbar verändert, besonders was die Frauen betrifft. Eine Untersuchung aus Amerika zeigt dies deutlich: Die Zahlen geben den Prozentsatz von verheirateten Männern und Frauen an, die vorehelichen Sex hatten, und basieren auf einem Sample von 1.400 Personen. »Alter« bezieht sich auf das Alter, in dem die Befragten bei der Befragung waren, nicht auf das Alter, wann der voreheliche Geschlechtsverkehr stattfand:

Alter	– 25	25/34	35/44	45–54	+ 55
Männer	95	92	86	89	84
Frauen	81	65	41	36	31

Männer und Frauen: Sex, Angst und Ärger

Auch wenn sich Frauen und Männer in Bezug auf vorehelichen Sex angleichen, ist die Haltung von Männern und Frauen zur Sexualität durchaus unterschiedlich. Die Mehrheit der Frauen, die voreheliche Sex pflegen, tun dies mit einem oder zwei Partnern, mit dem/denen sie auch eine emotionale Beziehung haben. In Interviews ergaben die Antworten von amerikanischen Studentinnen die Tendenz, dass Frauen eine sexuelle Beziehung weniger wegen dem Wunsch nach oder dem Spaß an Sex eingehen, sondern um die romantische Beziehung zu ihrem Freund nicht zu verlieren. Männer hingegen haben – tendenziell – vor der Ehe mehrere Partnerinnen ohne intensivere emotionale Beziehung.

Männer und Frauen scheinen nicht nur unterschiedliche Sexualität zu pflegen, sondern auch verschiedene Schwierigkeiten im sexuellen Umgang miteinander zu haben. Amerikanische Collegestudenten wurden danach gefragt, welche Probleme sie mit dem anderen Geschlecht beim Sex hätten. Die Antworten lassen eine Stimmung von Angst bei den Frauen und Ärger bei den Männern ahnen: Angst vor Schwangerschaft, vor Vergewaltigung, vor, erobert und dann links liegen gelassen zu werden, sind die Hauptsorgen der weiblichen Testpersonen, die männlichen Studenten äußerten weniger ihre eigenen Ängste und Sorgen, sondern klagten lieber über die Frauen: wie schwierig es sei, ei-

In den westlichen Gesellschaften sind in den vergangenen Jahrzehnten im Zusammenhang mit Sexualität viele Tabus gefallen.

ne Partnerin zu finden, die offen ist für verschiedene sexuelle Erlebnisse oder dass man als Mann immer auf Eroberung aus sein muss und vielleicht dennoch keinen Sex haben kann, wenn einem danach zumute ist.

Diese Äußerungen spiegeln vermutlich auch die Haltung zu Liebe und Sexualität. Demnach scheint Sex für Frauen Teil einer Liebesbeziehung zu sein, während Männer Liebe und Sexualität als separate Erfahrungen sehen.

»Schwule Sau« oder »besserer Mann«: Homo- / Heterosexualität

Seit Alfred Kinseys (1894–1956) Untersuchungen gehen die meisten Psychologen und Sexualwissenschaftler davon aus, dass Homosexualität kein Entweder – Oder, sondern auf einem Kontinuum angesiedelt ist, bei dem das eine Extrem ausschließlich homosexuell ist, das andere ausschließlich heterosexuell. Erfahrungen im Zwischenbereich sind häufig und üblich. Die meisten Jungen kennen sexuelle Spiele in der Kindheit – etwa um die Wette masturbieren –, und viele haben homosexuelle Begegnungen im Jugendalter und im späteren Leben als Erwachsene. Allerdings werden nur ca. 4 % ausschließlich homosexuell. Mädchen haben weniger homosexuelle Erfahrungen in der Kindheit und im späteren Leben, und nur ca. 1 bis 2 % werden ausschließlich homosexuell. Manche Menschen sind »bisexuell« und fühlen sich zu beiden Geschlechtern sexuell hingezogen. Und manche verheiratete Männer und Frauen haben außerehelich homosexuelle Kontakte oder werden im späteren Leben noch eindeutig homosexuell.

Galt bis Anfang der 70er Jahre Homosexualität noch als psychiatrische Krankheit oder Perversion, so ist sie heute – nicht in der Allgemeinheit, aber unter den meisten Fach-

Homosexualität, bis in die 1970er Jahre ein Straftatbestand, gilt heute als normale Variation von Sexverhalten.

leuten – als »normale« Variation von Sexualverhalten akzeptiert.

Wie wird man wie? – Ursprünge der sexuellen Orientierung

Über die Ursachen von homosexueller oder heterosexueller Orientierung herrscht immer noch Unklarheit. Es konnten bisher keine verlässlichen physischen und psychischen Unterschiede gefunden werden, die Homosexuelle von Heterosexuellen unterscheiden. Manche männliche Homosexuelle mögen sich sehr feminin geben und manche Lesben sehr maskulin, aber das ist keinesfalls die Regel. Es gibt Hinweise darauf, dass homosexuelle Männer niedrigere Testosteron-Spiegel aufweisen und geringere Spermienzahlen als nicht-homosexuelle, aber es ist nicht sicher, ob dies ein Grund für Homosexualität ist. Wenn homosexuellen Männern zusätzlich Hormone verabreicht werden, nimmt der Drang zu sexueller Aktivität zu, aber das ist auch bei nicht-homosexuellen Männern der Fall. Die sexuelle Orientierung ändert sich dadurch nicht.

Wahrscheinlich spielen eine Reihe von genetischen, psychologischen und sozialen Faktoren in der Neigung zur Homosexualität eine kombinierte Rolle, und in jedem Falle eine unterschiedliche. Wenn ein Junge ohne Vater aufwächst oder ohne eine andere erwachsene männliche Elternfigur, mag es sein, dass er sich mit seiner Mutter identifiziert und für sich eine weibliche Identität annimmt. Dies kann auch der Fall sein, wenn die Mutter im Leben des Sohnes die dominante Person ist und der Vater im Hintergrund verblasst.

In anderen Fällen kann es sein, dass ein Kind wenig Kontakt mit andersgeschlechtlichen Peers hat. Ein Mädchen, das in einem Mädcheninternat aufwächst und kaum Kontakt mit Jungen hat, mag ihre ersten sexuellen Erlebnisse mit Mädchen haben; wenn diese Erlebnisse »schön« sind, mag sie weiter sexuelle Kontakte mit Mädchen pflegen, besonders dann, wenn die ersten Kontakte mit Jungen enttäuschend oder abstoßend sind.

Männliche Homosexuelle geben sich oft betont feminin, manche Lesben dagegen maskulin – eine Regel lässt sich daraus allerdings nicht ableiten.

Bei der Ausprägung der sexuellen Orientierung spielen genetische, psychologische und soziale Faktoren eine Rolle.

Es ist auch denkbar, dass Homosexualität, besonders bei Mädchen, in einer generell sexualfeindlichen Atmosphäre entsteht. Sexualität mit einem Mann wird dann als Gefahr und Bedrohung der »Reinheit« gesehen und muss unterdrückt werden, und die einzigen sexuellen Gefühle, die weniger bedrohlich sind, sind solche, die sich auf Mädchen richten.

Die Psychoanalyse vertritt die Auffassung, dass beide Geschlechter bisexuell sind, entsprechend der ursprünglichen genetischen Situation – erst mit 4 bis 6 Wochen entwickelt sich der Embryo männlich oder weiblich –, und dass aufgrund von vielen Faktoren und Einflüssen eine Orientierung dominant wird, während die andere latent bleibt. Unter besonders günstigen oder ungünstigen Bedingungen (z. B. Verliebtheit oder Gefängnis) kann die bislang latente Orientierung dominant werden. Aufgrund von gesellschaftlicher Ächtung bleibt die latente Orientierung oft unterdrückt und darf nur in symbolischen oder sublimierten Formen zum Ausdruck kommen – etwa als verklärte Kriegskameradschaft oder im Massenbespringen des erfolgreichen Torschützen beim Fußballspiel, in der Pflege übertriebener Männlichkeitsideale und der aggressiven Entwertung (»schwule Sau«), aber auch in der Idealisierung von Homosexuellen (»die besseren Männer«), oder, in altruistischer Abwehr, in der Forderung, dass Homosexuellen geholfen werden muss und sie »geheilt« werden sollen.

Keine der genannten »Theorien« kann eindeutig bewiesen werden. Untersuchungen mit eineiigen Zwillingen stärken eine »genetische« Erklärung.

Eine Beobachtung ist für Lesben und Schwule auffallend durchgängig: Als Kinder mochten sich beide in der Regel nicht geschlechtskonform verhalten. Jungen hatten keinen Spaß an »typisch männlichen« Aktivitäten, und Mädchen spielten lieber mit den Jungen, und für beide galt: sie hatten mehr Freunde vom anderen Geschlecht.

Diese Beobachtungen gaben Anlass zu einer Theorie, die Veranlagung und Prägung durch die Umwelt verbindet. Es ist die E-B-E-Theorie – von »exotic becomes erotic«. Sie besagt, dass angeborene, möglicherweise auch erbliche Faktoren darüber entscheiden, ob ein Kind sich geschlechtskonform entwickelt oder nicht. Nicht-geschlechtskonforme Kinder erleben das eigene Geschlecht als exotisch oder fremd. Das Fremde ist attraktiver ist als das Eigene – Gegensätze ziehen sich an. Aus einer allgemeinen Erregung durch das Fremde wird später eine spezifische, nämlich sexuelle Erregung.

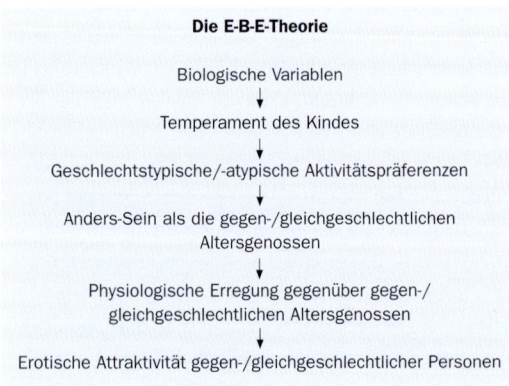

Die E-B-E-Theorie

Biologische Variablen
↓
Temperament des Kindes
↓
Geschlechtstypische/-atypische Aktivitätspräferenzen
↓
Anders-Sein als die gegen-/gleichgeschlechtlichen
Altersgenossen
↓
Physiologische Erregung gegenüber gegen-/
gleichgeschlechtlichen Altersgenossen
↓
Erotische Attraktivität gegen-/gleichgeschlechtlicher Personen

Das Elegante an dieser Theorie ist sowohl ihre Integrationsfähigkeit für angeborene wie angeeignete Faktoren als auch die Tatsache, dass sie sowohl homosexuelle als auch heterosexuelle Orientierung erklären kann: Attraktiv ist, was fremd ist.

Aggression

Betritt man einen Zeitschriftenladen oder einen Video-Verleih und sieht sich die Titel an, kann man schnell zu der Überzeugung kommen, dass Sexualität und Aggression, »sex and crime«, zentrale Motive menschlichen Verhaltens sind.

Wenn uns jemand anders auf die Füße tritt, ist dies noch nicht unbedingt ein aggressiver Akt. Wenn wir von Aggression sprechen, meinen wir absichtliche Handlungen gegen Dinge, Objekte und Personen. Es hat sich als hilfreich für die Diskussion über Wesen und Ursachen der Aggression erwiesen, zwischen feindseliger Aggression und instrumenteller Aggression zu unterscheiden,

Aggression – nicht angeboren, aber dennoch »triebhaft«.

soweit dies möglich ist. Erich Fromm (»Anatomie der menschlichen Destruktivität«) spricht von der instrumentellen Aggression als »Aggression« und von der feindseligen als »Destruktivität«. Destruktivität zielt auf Zerstören, Aggression auf Erreichen. Eine Theorie von Aggression sollte beide, instrumentelle und destruktive, umfassen.

Der Tod im Leben: Aggression als Trieb

Freud betrachtete die Aggression (neben der Sexualität) als grundlegenden menschlichen Trieb. Er nahm an, dass Aggression ein Abkömmling des Todestriebes sei. Der Todestrieb produziere aggressive Energie, die abgeführt werden muss, entweder nach außen durch offene Aggression oder nach innen, in der Gestalt von selbstzerstörerischem Verhalten. Freud wurde im Laufe seines Lebens immer pessimistischer, was die Bewältigung der Aggression anging. Im besten Falle könne es den »Abwehrmechanismen« gelingen, die aggressive Energie zu kanalisieren oder in relativ ungefährliche oder sozial nützliche Formen umzuwandeln, z. B. für die Gerechtigkeit zu kämpfen.

Freuds Ansicht über Aggression ist unter anderem kompakt zusammengefasst in einem Brief an Albert Einstein von 1932. Einstein korrespondierte mit Freud über die Frage, warum Menschen Kriege führen. Ist es möglich, fragte er an, dass Menschen eine Lust an Hass und Zerstörung haben? Freud antwortete:

» ... Sie verwundern sich darüber, dass es so leicht ist, die Menschen für den Krieg zu begeistern, und vermuten, dass etwas in ihnen wirksam ist, ein Trieb zum Hassen und Vernichten, der solcher Verhetzung entgegenkommt. Wiederum kann ich Ihnen nur uneingeschränkt beistimmen. Wir glauben an die Existenz eines solchen Triebes und haben uns gerade in den letzten Jahren bemüht, seine Äußerungen zu studieren ... Er verdiente in allem Ernst den Namen eines Todestriebes, während die erotischen Triebe die Bestrebungen zum Leben repräsentieren. Der Todestrieb wird zum Destruktionstrieb, indem er mit Hilfe besonderer Organe nach außen, gegen die Objekte, gewendet wird. Das Lebewesen bewahrt sozusagen sein eigenes Leben dadurch, dass es fremdes zerstört ...«

Gegen Freuds Ansicht, Aggression sei ein angeborener Trieb, erhob sich bald Widerstand, der sich in der Frustrations-Aggressions-Hypothese kristallisierte. Sie besagt, dass Frustration den Menschen in einen aggressiven Zustand versetzt. Und nachdem die Menschheit ständig von Kindesbeinen an frustriert wird, auf alle möglichen Arten, ist die daraus resultierende Aggression zwar nicht angeboren, aber doch immerhin »triebhaft«.

Fakten: Biologische Grundlagen

Versuche mit der operativen Manipulation am Gehirn bei Tieren stützen die Instinkt-Theorie von Aggression. Schwache elektrische Reize von bestimmten Bereichen des Hypothalamus führen bei Tieren zu aggressivem Verhalten. Wenn einer Katze durch implantierte Elektroden der Hypothalamus stimuliert wird, faucht sie, stellt die Haare auf, die Pupillen weiten sich und sie krallt nach einer Ratte oder einem anderen Objekt in

Höhere Säugetiere sind in der Lage, ihre Aggression zu kontrollieren. Auseinandersetzungen enden nicht zwangsläufig mit dem Tod eines Kontrahenten, sondern mit ritualisierter Unterwerfung.

ihrem Käfig. Wenn jedoch eine andere Stelle ihres Hypothalamus stimuliert wird, zeigt sie völlig anderes Verhalten. Sie wird nicht »wütend«, sondern greift die Ratte an und tötet sie »kaltblütig«.

Dasselbe gilt für Affen und Ratten. Eine im Labor gezüchtete Ratte, die nie eine Maus getötet hat oder beobachtet hat, wie eine wilde Ratte eine Maus tötet, kann ganz friedlich mit einer Maus im gleichen Käfig leben. Aber wenn der Hypothalamus der Ratte mit neurochemischen Substanzen stimuliert wird, wird sie über die Maus, mit der sie bis dahin friedlich lebte, herfallen und sie genauso töten, wie es wilde Ratten mit Mäusen tun – durch einen festen Biss in den Nacken, der das Rückenmark durchtrennt. Es ist, als würde die neurochemische Stimulation eine angeborene Tötungsreaktion auslösen, die bis dahin nur latent vorhanden war und »geschlafen« hatte. Umgekehrt ist zu beobachten: wenn stimulationshemmende Substanzen gespritzt werden, werden Ratten, die Mäuse töten, vorübergehend »friedlich«.

Bei höheren Säugetieren werden solche instinktiven aggressiven Abläufe durch den Cortex kontrolliert und dadurch mehr von Erfahrung beeinflusst. Affen, die in Gruppen leben, etablieren eine Hierarchie, in der ein oder zwei Männchen die Führer sind und die anderen auf unterschiedlichen Ebenen Untergebene. Wenn der Hypothalamus eines dominanten Affen elektrisch stimuliert wird, greift der Affe untergeordnete Männchen an, aber keine Weibchen. Wenn ein Affe von niedrigem Rang auf dieselbe Weise stimuliert wird, duckt er sich und zeigt vermehrte Unterwürfigkeit. Man kann also nicht sagen, dass Aggression automatisch durch Stimulation des Hypothalamus ausgelöst wird. Wahrscheinlich sendet der Hypothalamus ein Signal zum Cortex mit der Mitteilung: »Aggressionszentrum aktiviert«, aber der Cortex sucht die Reaktion aus, die aufgrund von Erfahrung und gegebener Situation die günstigste ist.

Menschen verfügen über die gleichen neurologischen Mechanismen, die sie in Aggressionsbereitschaft versetzen. Aber die Aktivierung dieser Mechanismen ist stärker als bei Tieren unter kognitiver Kontrolle. Die Heftigkeit und Form der Aggressivität hängt sehr davon ab, wie ein Mensch eine Situation wahrnimmt, wie seine früheren Erfahrungen sind und wie er gelernt hat, seine Aggression in sozial akzeptieren Formen zu äußern.

Aggression ist wie Radfahren: Erlernt

Lerntheorien gehen davon aus, dass aggressives Verhalten nicht instinkt- oder triebgesteuert, sondern erlernt ist. Es wird erlernt durch Beobachtung oder Nachahmung, und je mehr es verstärkt wird, desto häufiger tritt es auf. Wenn jemand frustriert ist, weil er nicht weiterkommt oder durch widrige Umstände von dem abgehalten wird, was er will, gerät er in einen Zustand von emotionaler Erregung. Dieser Erregungszustand löst dann Reaktionen aus, die in anderen Stresssituationen gelernt wurden. Die frustrierte Person kann Hilfe suchen, jemand ansprechen, sich zurückziehen, es noch mal mit mehr Anstrengung versuchen oder sich mit Alkohol oder Drogen betäuben. Sie wird immer zu der Strategie greifen, die sich bislang für ähnliche Situationen am besten bewährt hat, um mit Frustrationen fertig zu werden. Demzufolge erzeugt Frustration nur Aggression bei Leuten, die gelernt haben, auf frustrierende Situationen mit aggressivem Verhalten zu reagieren. Das folgende Schema zeigt die Aggressions-

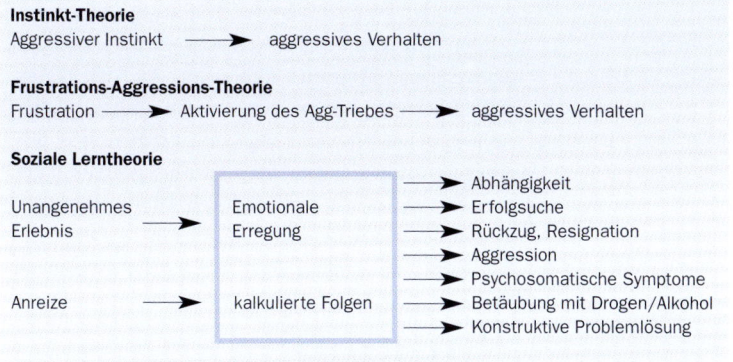

Instinkt-Theorie
Aggressiver Instinkt ⟶ aggressives Verhalten

Frustrations-Aggressions-Theorie
Frustration ⟶ Aktivierung des Agg-Triebes ⟶ aggressives Verhalten

Soziale Lerntheorie

Unangenehmes Erlebnis ⟶ Emotionale Erregung ⟶ Abhängigkeit
⟶ Erfolgsuche
⟶ Rückzug, Resignation
⟶ Aggression
⟶ Psychosomatische Symptome
Anreize ⟶ kalkulierte Folgen ⟶ Betäubung mit Drogen/Alkohol
⟶ Konstruktive Problemlösung

theorien in der Übersicht und macht deutlich, dass die Lerntheorie die differenzierteste ist und eine Bandbreite von Verhaltensweisen verstehen hilft.

Das Schema zeigt verschiedene, zunehmend komplexere Ansichten von der Entstehung aggressiven Verhaltens.

Erregung: Was tun? Zuschlagen!

Nach der Lerntheorie führen widrige Erlebnisse zu emotionaler Erregung. Frustration – in der Gestalt, dass dem Erreichen eines Ziels ein Hindernis im Wege steht – ist ein mögliches widriges Erlebnis. Aber auch andere können zu emotionaler Erregung führen, so zum Beispiel körperliche Belastungen. Sie können zu aggressiven Handlungen führen, wenn andere Auslöser und Reize für aggressives Verhalten hinzukommen. In einer Studie mussten die Versuchspersonen ihre Aufgaben in einem heißen, stickigen Zimmer lösen. Sie waren nicht aggressiver als andere, die unter angenehmen kühlen Bedingungen arbeiten mussten. Als aber beide Gruppen ein aggressives »Vorbild« beobachteten, wurden die Personen unter den hitzigen Bedingungen aggressiver als die unter den kühlen. Ähnliches konnte man auch bei Lärmbelastung beobachten.

Sogar Erregung, die nicht von widrigen Erlebnissen herrührt, kann die Aggressivität erhöhen, wenn noch andere aggressionsfördernde Reize im Spiel sind. So zeigten sich zum Beispiel Versuchspersonen nach heftiger und anstrengender körperlicher Aktivität aggressiver gegen eine Person, die sie vorher geärgert hatte, als solche, die sich nicht angestrengt hatten. War allerdings niemand zugegen, der sie vorher geärgert hatte, stieg die Aggressivität auch bei den Angestrengten nicht an. Männer, die sexuell durch einen erotischen Film angeregt waren, zeigten sich gegenüber jemand, der sie vorher beleidigt hatte, aggressiver als solche, die einen nichterregenden Film gesehen hatten. Die Erregten wurden aber nicht aggressiver, wenn sie vorher nicht beleidigt worden waren.

Studien dieser Art legen nahe, dass emotionale Erregung, egal wodurch, die Aggressionsbereitschaft erhöht, aber nur zu aggressivem Verhalten führt, wenn aggressionsfördernde Reize hinzukommen. Dies könnte einiges aggressive Verhalten, auch irrationales, in der Gesellschaft verständlicher machen. Durch den täglichen Stress entsteht ein hohes Maß an emotionaler Erregung. Wenn uns dann noch jemand den Parkplatz wegnimmt, brennt die Sicherung durch. Bei Fußballspielen etwa wird die Erregung durch Alkohol und Singen von Schlachtengesängen erhöht, und die gegnerischen Fans wirken allein schon durch ihre bloße Anwesenheit, ganz abgesehen von den ausgestoßenen Beleidigungen, als aggressionsfördernder Anreiz.

Macht Fernsehen kriminell?

Eine Reihe von Untersuchungen zeigen, dass aggressive Reaktionen durch Imitation gelernt werden können,

Fernsehen und Aggressivität
Wie kommt es, dass Aggressivität, besonders bei Kindern, durch das Fernsehen gefördert wird? Hier ist eine Zusammenfassung der Forschungsergebnisse:
- Gewalttätige Filme lehren aggressives Verhalten durch Imitation
- Sie erhöhen die emotionale Erregung
- Sie desensitivieren: Gewalt wird »normal«
- Sie mindern Hemmungen
- Sie suggerieren nur eine Konfliktlösung: durch Gewalt.

und dabei kommt es nicht darauf an, ob ein Vorbild persönlich erlebt oder im Fernsehen beobachtet wird. Es ist zudem erwiesen, dass sympathische und mächtige Vorbilder besonders häufig imitiert werden. Dementsprechend gibt es eine große

Macht Gewalt in den Medien gewalttätig? Vieles deutet darauf hin.

Zahl von Untersuchungen, die einen deutlichen Zusammenhang zwischen Mediengewalt und Aggressivität oder Kriminalität der Zuschauer nachweisen. Eine Untersuchung zeigte, dass die Wahrscheinlichkeit, als Erwachsener eine schwere Straftat zu begehen, davon abhing, wie oft man als Kind Gewalt im Fernsehen gesehen hatte. Allerdings wissen wir nicht, ob es sich hier um Kausalität oder Korrelation handelt. Es wäre auch denkbar, dass aggressive Kinder mehr aggressive Filme anschauen als weniger aggressive Kinder dies tun.

»Das muss raus!« – Kathartische Wirkung?

Wird Aggression durch aggressives Verhalten abgebaut – im Sinne von »Dampf ablassen«? Die Triebtheorie würde das vorhersagen. Sie kann mit dem Dampfkessel-Modell veranschaulicht werden: Ein Trieb – Aggression – nimmt immer mehr zu, aber wenn er sich entladen kann, kehrt wieder ein friedlicher, spannungsloser Zustand ein. Demnach müssten Tiere und Menschen, die ihre Aggressivität austoben, danach friedlicher sein als zuvor. Untersuchungen stützten die Hypothese nicht, jedenfalls nicht eindeutig. Aggressive Kinder bleiben aggressiv oder werden durch ihr eigenes aggressives Verhalten noch aggressiver; ähnliche Befunde haben Experimente mit Erwachsenen ergeben. Ärger lässt die Aggressivität eskalieren. Aggression erzeugt Aggression. Wenn Schläger auf ihre Opfer einprügeln, lässt das Prügeln meist nicht nach, sondern steigert sich, selbst wenn das Opfer wehrlos am Boden liegt.

Der Verhaltensforscher Konrad Lorenz (1903–1989) hat seine berühmten Experimente mit Graugänsen durchgeführt.

Der Mensch – das enthemmte Tier: Der Beitrag der Verhaltensforschung

Welches Verhalten angeboren und welches angelernt ist, haben Verhaltensforscher wie Konrad Lorenz oder Nikolaas Tinbergen in Experimenten mit Erfahrungsentzug herauszufinden gesucht. Die Kombination von angeborenem und erlerntem Verhalten wird an folgendem Beispiel sehr schön deutlich: Wenn man junge Iltisse getrennt von erwachsenen Tieren aufzieht und ihnen zum ersten Mal eine lebende Ratte vorsetzt, stellen sie ihr nach und wollen sie töten, aber sie gehen dabei ungeschickt zu Werke. Iltisse, die mit ihrer Mutter leben, sind dagegen in der Lage, den tödlichen Nackenbiss anzusetzen: den haben sie gelernt. Der Drang zur Jagd ist demzufolge angeboren, aber die geschickteste Methode, das gejagte Opfer zu töten, ist erlernt.

Die Übertragung von Erkenntnissen aus Tierversuchen auf den Menschen ist immer problematisch. Deshalb nutzen die Verhaltensforscher gern eine weitere Möglichkeit: den Kulturvergleich. Verhalten, das über viele verschiedene Kulturen hinweg gleich ist, wird sehr wahrscheinlich angeboren sein und gehört zum biologischen Repertoire der Art »Mensch«. Zum Beispiel gehört das Lächeln zu diesem Repertoire. Sobald Menschen geboren werden, lächeln sie auf der ganzen Welt.

Das Märchen von den friedlichen Wilden

Mit Begeisterung wurden Studien an Naturvölkern vorgenommen, um den Wunsch zur Gewissheit zu wandeln, Aggression sei kein Trieb, sondern etwas, das man lernen und somit wieder verlernen könne. »Es soll in glücklichen Gegenden der Erde ...Völkerstämme geben, deren Leben in Sanftmut verläuft, bei denen Zwang und Aggression unbekannt sind«, schrieb

Freud 1932 an Einstein, und fuhr fort: »Ich kann es kaum glauben, möchte gern mehr über diese Glücklichen erfahren.« Hätte er es zur Kenntnis nehmen wollen, hätte er reichlich Gelegenheit bekommen: Friedliche Naturvölker wurden entdeckt, die keiner Fliege etwas zuleide taten. Inzwischen ist die angenommene Friedfertigkeit von »Naturvölkern« eine Legende: manche sind mehr, manche weniger aggressiv, und sie unterscheiden sich in der Art und Weise, wie sie Aggression äußern. Die Disposition zu aggressivem Verhalten ist universal, Auslöser und Formen variieren.

Friedliche Wilde – so stellte man sich in Europa Anfang des 20. Jahrhunderts die Existenz der Naturvölker vor.

Das Märchen von den friedfertigen Tieren

Die Verhaltensforscher haben auch Aggression in natürlicher Umgebung studiert. Ihre zentrale These ist: Tiere wie Menschen sind von Natur aus aggressiv, aber Tiere bringen es besser als Menschen fertig, ihre Aggression zu kontrollieren.

Raubtiere erlegen Tiere anderer Arten zur Ernährung. Untereinander kämpfen Tiere der gleichen Art hauptsächlich um Futter, Weibchen und Brutstätten, und um ihre Jungen zu schützen. Kämpfe innerhalb derselben Art haben vor allem zwei Funktionen: die Verteilung des Territoriums und die Erhaltung der Art: die stärksten männlichen Tiere werden sich fortpflanzen, weil sie den Kampf um die weiblichen Tiere gewinnen.

Für Tiere ist Aggression kein Problem, so Konrad Lorenz, denn sie haben Mechanismen der Aggressionshemmung entwickelt. Viele Arten haben ritualisierte For-

In seinem Film »2001 – Odyssee im Weltraum« schildert Stanley Kubrik die Gewalt gegen Artgenossen als Unterscheidungsmerkmal des Menschen gegenüber dem Affen – ein Irrtum, wie wir heute wissen. Auch unter Menschenaffen gibt es keine Tötungshemmung gegenüber Artgenossen.

Abgesehen von den ideologischen Debatten – angeboren oder erlernt? – scheint es bei Mensch und Tier Faktoren zu geben, die **Aggression** fördern, und solche, die beitragen, sie zu de-eskalieren.

Aggressionsfördernd bei vielen Arten sind:
- Massenbildung – aggressives Verhalten kann ansteckend sein;
- Übervölkerung des Territoriums;
- Eingepferchtsein.

Aggressionshemmend sind:
- Distanz – und die Natur hat für Distanzierungshilfen gesorgt: Geräusche oder Gerüche, die Tier und Mensch auf Abstand halten.
- Verhaltensweisen, die mit Aggression inkompatibel sind – wie z.B. Lausen bei den Affen
- Der wichtigste Faktor, der Aggressivität begrenzen kann, ist wahrscheinlich die gegenseitige Vertrautheit. Manche Rituale von Tieren dienen dem Sich-vertraut-machen: Schnuppern, grüßen, betasten. Auch beim Menschen spricht man von sich »Beschnuppern«, von »Freunde machen«, dazu gehören Rituale wie der Händedruck.

men von Kämpfen, die den Tod des Unterlegenen verhindern. Wenn ein Wolf seinem Gegner die Halsschlagader zum Biss hinstreckt, wird dieser nicht zubeißen. Der Kampf ist beendet, der Sieger steht fest.

Dies ist bei Menschen so nicht der Fall. Ein Grund mag darin liegen, vermuten die Verhaltensforscher, dass Menschen sich gegenseitig nicht im Kampf von Mann zu Mann töten, sondern Werkzeuge dazu benutzen. Es spricht viel dafür, dass die Tötungshemmung, die wahrscheinlich auch beim Menschen vorhanden ist, mit zunehmender Distanz und dem Einsatz von Technik abnimmt. Ein Bomber-Pilot kann mit einem Knopfdruck Hunderte wenn nicht Tausende von Menschenleben auslöschen – aber kaum ein Mensch wäre in der Lage, auch nur 100 Menschen mit eigener Hand zu erwürgen oder zu erstechen.

Lorenz' Annahmen über die Aggressivität bei Tieren lassen sich nicht mit allen empirischen Daten vereinbaren. So haben zum Beispiel nicht alle Tiere eine angeborene Tötungshemmung. Auch Schimpansen führen Krieg. In einem dokumentierten Fall aus Tansania verteidigten Schimpansen ihr Territorium gegen einen Eindringling menschlich brutal: Ein Schimpanse der Bande hielt die Arme des Eindringlings fest, ein zweiter die Beine, und ein dritter schlug ihn zu Tode. In einem anderen Fall schleiften zwei einheimische Schimpansen den Eindringling so lange über die Felsen, bis er starb. Bei einem weiteren Revierkrieg zwischen Schimpansen, der in den siebziger Jahren beobachtet wurde, zerschlug eine Sippe von 15 Schimpansen eine kleinere Nachbargruppe, indem sie deren Männchen eines nach dem anderen tötete.

Erst das Fressen: Maslows Bedürfnispyramide

Was bewegt Menschen wirklich, sich so zu verhalten, wie sie sich verhalten? Es geht das Gerücht, dass der amerikanische Psychologe Abraham Maslow sich dieser Frage an einem verregneten Sonntagnachmittag hingab, und eine wunderbare Pyramide erfand, die in hierarchischer Ordnung das Chaos menschlicher Motivationen und Emotionen, Triebe und Wünsche, Bedürfnisse und Sehnsüchte präsentiert:

Der amerikanische Psychologe Adam Maslow (1908–1970), einer der Begründer der so genannten humanistischen Psychologie, vertrat die Auffassung, dass sich die menschlichen Bedürfnisse hierarchisch gliedern lassen: erst wenn bestimmte grundlegende Bedürfnisse befriedigt sind, kann sich der Mensch den höher stehenden Bedürfnissen zuwenden.

Erst wenn die (unteren) Grundbedürfnisse zu einem Mindestmaß befriedigt sind, melden sich nach Maslow die höher angeordneten Bedürfnisse. Wenn jemand hungert, tritt das Bedürfnis nach einem hübschen Ambiente zum Speisen in den Hintergrund. Bertolt Brecht hat es auf den Punkt gebracht: » ... erst kommt das Fressen, und dann kommt die Moral«.

Persönlichkeit – was ist das?

Gewisse Grundmuster sind uns schon in die Wiege gelegt. Kinderkrankenschwestern wissen, was Forscher
bestätigt haben: schon Neugeborene haben »Persönlichkeit« und unterscheiden sich nachweislich in
ihrem Temperament, ihrem Konzentrationsvermögen,
ihrer Anpassungsfähigkeit und in ihrer Grundstim-
mung. Es gibt die ruhigen und es gibt die lebhaften,
die Schmuser und die Rebellen. In Langzeitstudien hat
sich gezeigt, dass diese Persönlichkeitszüge über einen
Beobachtungszeitraum von 20 Jahren ziemlich konstant blieben.

Die Persönlichkeit hängt vom kulturellen Umfeld
ab. Zwar sind Menschen in Deutschland so verschieden wie in Frankreich, Italien oder England, und doch
wissen wir, was gemeint ist, wenn es uns entfährt: »Typisch deutsch!«. Aber quer durch alle Kulturen gibt es
eine Variable, die die Persönlichkeit entscheidend bestimmt: das Geschlecht. Was »weiblich« und was
»männlich« ist, mag von Kultur zu Kultur völlig unterschiedlich sein, aber die meisten Kulturen machen einen Unterschied zwischen feminin und maskulin.

»Das Ich ist ein körperliches«

Ob jemand introvertiert ist oder extrovertiert, ängstlich
oder draufgängerisch sieht man ihm nicht sofort an.
Aber weiblich und männlich drückt sich definitiv im
Körper aus. Es ist deshalb eine interessante Frage, in
welcher Beziehung Persönlichkeit und Körper stehen.
Freud brachte es auf den Punkt: »Das Ich ist ein körperliches«.

Eine der ersten Persönlichkeitstheorien basiert darauf, Menschen nach ihrer Körperform zu klassifizieren
und die Körperform mit dem Persönlichkeitstyp zu
verbinden. Der Psychiater Ernst Kretschmer (1888–
1964) fand, dass sich die Menschheit in Dicke, Dünne
und die dazwischen ganz gut einteilen ließ, und, wie
wir schon ahnen: die Dicken sind gemütlich, die Dünnen drahtig und die dazwischen sind dazwischen. Das
Wissenschaftliche daran ist neben der Einteilung der

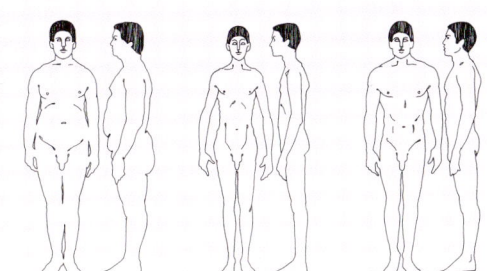

Der Psychiater Ernst Kretschmer klassifizierte die Menschen nach ihrer Körperform in endomorph, ektomorph und mesomorph.

Gebrauch von griechisch klingenden Wörtern: Eine kurze, gesetzte Person ist »endomorph« und damit gesellig, gemütlich und ausgeglichen; ein großer, dünner Mensch ist »ektomorph« und damit zurückhaltend, kontrolliert, eher Einzelgänger; die dazwischen sind »mesomorph«: muskulös gebaut, laut, aktiv und hartgesotten.

Wissenschaftliche Prüfungen dieser Idee haben so gut wie keine positiven Korrelationen zwischen Körper und Charakter ergeben. Das bedeutet, dass diese Einteilung nutzlos ist. Es bedeutet aber keineswegs, dass Körper und Persönlichkeit nichts miteinander zu tun hätten. Nur die Art der Beziehung zwischen beiden muss anders als von Kretschmer beschrieben werden. Körperbau und Aussehen ermöglichen und begrenzen, was ein Mensch kann und wie andere auf ihn reagieren. Ein Mädchen, das klein und untersetzt ist, wird es beim Ballett oder als Model nicht weit bringen und vielleicht wird dieser Umstand ihre Persönlichkeit mit prägen. Ein muskulöser Zwei-Meter-Mann hat schlechte Karten als Jockey, und es mag seine Persönlichkeit beeinflussen, wenn seine Mitmenschen ihm alle möglichen Heldentaten zutrauen. Starke Jungs werden lernen, ihre Muskeln zu gebrauchen, während die schwächer gebauten lernen müssen, sich mit Köpfchen durchzusetzen.

Superman – einem wie ihm traut man alles zu. Körperbau und Aussehen ermöglichen und begrenzen, was ein Mensch kann und wie andere auf ihn reagieren.

Typen von Seelen

Andere Persönlichkeitstheorien haben sich ausschließlich auf psychologische Eigenarten berufen. Carl Gustav Jung, der Schweizer Psychiater, hat die Menschheit in »Extrovertierte« und »Introvertierte« eingeteilt. Introvertierte genießen die Gesellschaft mit sich selbst, und wenn es stressig wird oder Streit droht, ziehen sie sich eher zurück, als dass sie Kontakt suchen. Sie sind eher scheu und arbeiten lieber allein als im Team. Sie scheuen das Rampenlicht und machen kein Theater. Extrovertierte hingegen lieben die Show, und wenn sie in Bedrängnis geraten, müssen sie um jeden Preis mit jemand reden. Sie sind die Seele jeder Party, und wenn sie die Wahl hätten zwischen Schreibtisch und Außendienst, überlassen sie sofort den Schreibtisch den Introvertierten und gehen gern unter die Leute. Wir alle kennen einen »typisch Introvertierten« und einen »typisch Extrovertierten«.

Die Eleganz und Attraktivität des Jungschen Ansatzes liegt in seiner Schlichtheit. Er übertrifft die Theorie von Kretschmer dadurch, dass sie die Menschheit nicht in drei, sondern in zwei Klassen einteilt. Zutreffend ist, dass es Introvertierte und Extrovertierte gibt – aber das sind die wenigsten. Die meisten liegen irgendwo dazwischen, wie eine frühe amerikanische Untersuchung zeigt. Persönlichkeitstheorien, die von Persönlichkeitstypen ausgehen, ob sie nun die Typen physiologisch oder psychologisch beschreiben, leiden an derselben Schwierigkeit: In Wirklichkeit gibt es wenig

Das Paradebeispiel einer Extrovertierten zeigt uns Audrey Hepburn als Holly Golightly in »Frühstück bei Tiffany«.

reine Typen, sondern Mischformen, und Menschen haben eine Reihe von unterschiedlich ausgeprägten Charakterzügen.

Typen, die man messen kann: »Traits«
Deshalb haben sich Persönlichkeitsforscher auf die Beschreibung von Eigenschaften konzentriert, wie Intelligenz, emotionale Stabilität oder Aggressivität. Man kann versuchen, die Persönlichkeit eines Menschen zu beschreiben, indem man seine »ratings« für diese und andere Eigenschaften beschreibt. Man kann dann eine Person von der anderen darin unterscheiden, wie freundlich, vorsichtig, erregbar, intelligent oder ängstlich jemand ist. Mit anderen Worten, man vergleicht die Personen in Bezug auf eine Reihe von grundlegenden Eigenschaften.

Was sind die »basic traits«, also die grundlegenden Charakterzüge, mit denen sich eine Persönlichkeit beschreiben lässt? Mit einem statistischen Verfahren, der Faktorenanalyse, lassen sich von sehr vielen Eigenschaften Gruppen feststellen, die immer zusammen auftreten. Studien dieser Art haben die »Big Five«, das Fünf-Faktoren-Modell ergeben.

Die Big Five – Das Fünf-Faktoren Modell	
Extrovertiertheit	gesprächig – ruhig offen – verschlossen draufgängerisch – vorsichtig
Umgänglichkeit	gutmütig – reizbar versöhnlich – stur kooperativ – negativ
Gewissenhaftigkeit	ordentlich – schlampig verantwortungsbewusst – unzuverlässig durchhaltend – aufgebend
Emotionale Stabilität	ruhig – ängstlich konzentriert – nervös nicht hypochondrisch – hypochondrisch
Kultur	künstlerisch interessiert – nicht interess. pfiffig – langweilig intellektuell – unreflexiv

Hans Eysenck (1916–1997), ein englischer Psychologe deutscher Herkunft, dazu ein statistisches Genie, der niemals einen Tropfen Alkohol anrührte, um seine Denkschärfe nicht zu gefährden, kombinierte zwei Dimensionen: introvertiert – extrovertiert sowie stabil – instabil und ordnete Charaktereigenschaften den daraus resultierenden vier Persönlichkeitsbeschreibungen zu: Die stabilen introvertierten sind passiv, vorsichtig, bedächtig, friedlich, kontrolliert, zuverlässig, ausgeglichen und ruhig, während die instabilen Introvertierten auch still sind, aber ungesellig, zurückhaltend, pessimistischer, nüchtern, streng, ängstlich und launisch. Instabile Extrovertierte hingegen sind empfindlich, ruhelos, aggressiv, reizbar, wankelmütig, impulsiv, optimistisch und aktiv, und am besten abschneiden in der Anerkennung der Allgemeinheit dürften die stabilen Extrovertierten, die geborenen Führer, zuversichtlich, lebhaft, umgänglich, aufmerksam, gesprächig, offenherzig und gesellig.

Instabil

Introvertiert		Extrovertiert
launisch	empfindlich	
ängstlich	unruhig	
rigide	aggressiv	
nüchtern	erregbar	
pessimistisch	wechselhaft	
reserviert	impulsiv	
ungesellig	optimistisch	
ruhig	aktiv	
passiv	gesellig	
sorgfältig	kontaktfreudig	
bedächtig	gesprächig	
friedlich	aufgeschlossen	
kontrolliert	locker	
zuverlässig	lebhaft	
ausgeglichen	sorglos	
still	führungsstark	

Stabil

Wenn man sich selbst einem der vier Fenster zuordnen sollte, würde man das auf den ersten Blick leicht finden, dann aber vielleicht zögern, weil man sich erinnert, dass man zwar, obwohl eher ruhig und pessimistisch, durchaus bewiesen hat, eine Sache lebhaft und zuversichtlich anpacken zu können. Oder man kennt jemanden (vielleicht sich selber), der für andere kämpfen kann wie ein Löwe (stabil extrovertiert), während er ein schüchternes Schäfchen ist (introvertiert instabil), wenn es um seine eigenen Interessen geht.

Das ist auch der wichtigste Kritikpunkt, der dieser Art von Persönlichkeitstheorie entgegengebracht wurde und wird: Sie berücksichtigt zu wenig die Situation, die durchaus unterschiedliche Persönlichkeitsmerkmale eines Menschen aktivieren kann.

Wie man sich bettet, so liegt man ...
»self-generated environments«

Situation und Person beeinflussen sich wechselseitig und gestalten die Umwelt, in der man lebt. Durch das eigene Verhalten wird die Umgebung, mit der man es zu tun hat, und die einen beeinflusst, gestaltet. Der amerikanische Psychologe B. F. Skinner hat das in einem Experiment mit Ratten verdeutlicht: die Ratte befindet sich in einer Box mit Drahtboden, der elektrisch geladen werden kann. Jede Minute geht ein Stromstoß durch den Boden. Die Ratte kann den Stromstoß um 30 Sekunden verzögern, wenn sie auf einen Hebel drückt. Ratten, die das herausfinden und rechtzeitig auf den Hebel drücken, schaffen sich auf diese Weise ein schmerzfreies Umfeld. In manchen öffentlichen Duschen z. B. auf Campingplätzen gilt ähnliches für Menschen. Die Duschen sind so eingestellt, dass das warme Wasser nach einer Minute aufhört zu fließen. Wenn man rechtzeitig den Drücker betätigt, erhält man sich eine wohltuend warme Umgebung. Im Bereich des Sozialverhaltens ist die wechselseitige Interaktion von Person und Situation oder von »self-generated environments« schon länger bekannt.

Jeder schafft sich die Umwelt, die er braucht.

»Wie man sich bettet, so liegt man« weiß der Volksmund, oder »Wie man in den Wald hineinruft, so schallt es heraus«. Selbst Säuglinge, die noch keine Psychologie-Vorlesung besucht haben, schaffen sich eine sonnige und sichere Umwelt, indem sie ihre Eltern so anlächeln, dass diese, eben noch mit mörderischen Impulsen ringend, in alles verzeihende Verzückung geraten.

Nach der Lerntheorie ist der Mensch seines Glückes Schmied, indem er sich intelligent die Umwelt schafft, die ihn günstig beeinflusst. Die Verhaltenspsychologie hat keine eigene Persönlichkeitstheorie, sondern beschreibt und erforscht die Variablen, die Verhalten beeinflussen. Sie beeindruckt dadurch, dass alles im Bereich des »Vernünftigen« bleibt. Das genaue Gegenteil kann von einer Richtung behauptet werden, deren Markenzeichen gerade das »Unbewusste« ist: der psychoanalytische Ansatz.

Basic Instinct:
Psychoanalytische Persönlichkeitstheorie

Hier geht es nicht um Typen oder Charakterzüge – »Traits« – oder Reaktionen auf Situationen (Lerntheorie), sondern um unbewusste Motive, die das Verhalten steuern. Dies ist für jeden vernünftigen Menschen eine Zumutung, wie Freud zugestand. Er hat sich mit Kepler und Darwin verglichen und meinte, er habe der Menschheit die dritte große Kränkung zugefügt: Während durch Kepler offenbar wurde, dass nicht die Erde der Mittelpunkt des Universums ist, sondern die Sonne, und Darwin herausfand, dass der Mensch nicht von Gott, sondern vom Affen abstammt, habe Freud dem Menschen verkündet, dass dieser nicht Herr im eigenen Hause sei: Kräfte in ihm, die er nicht kennt, steuern ihn.

Der Eisbergmensch

Freud gebrauchte ein Bild, um diese Botschaft zu vermitteln: Bewusstes und Unbewusstes seien wie ein Eisberg, dessen Spitze – das Bewusste – aus dem Wasser ragt, während der weit größere Teil unter Wasser ist – das Unbewusste, angefüllt mit Trieben, Leidenschaften und verdrängten Erinnerungen, die unser Denken und Verhalten beeinflussen. Diesen unbewussten Teil der Persönlichkeit wollte Freud erforschen, nicht im Labor mit Ratten in Käfigen, sondern im Wohnzimmer mit einem Menschen auf der Couch. Die Forschungsmethode, die er nach jahrelangen Versuchen etablierte, war eine für die damalige Naturwissenschaft völlig unwissenschaftliche: die »freie Assoziation«. Der Patient – oder die Versuchsperson – soll-

Freud vergleicht die menschliche Psyche mit einem Eisberg: bewusst ist nur der geringste Teil, das Vorbewusste und das Unbewusste nehmen den größten Raum ein – so wie bei einem Eisberg nur der geringste Teil über der Wasserlinie auftaucht, neun Zehntel bleiben unsichtbar.

te alles sagen, was ihr in den Sinn kam, egal wie belanglos, unanständig oder lächerlich es auch sei. Durch die Analyse dieser unzensierten Einfälle, zu denen auch Träume und Kindheitserinnisse gehörten, hoffte Freud, die Triebe und Regungen des Unbewussten ins Bewusstsein zu »heben«.

Wir können hier nur eine sehr verkürzte Skizze seiner wichtigsten Erkenntnisse geben, deren Entwicklung in über 50 Jahren psychoanalytischer Erforschung des Seelenlebens 24 Bände der »Gesammelten Werke« füllen. Die zentralen Elemente seiner Lehre zum Thema »Persönlichkeit« sind: die Persönlichkeitsstruktur, die Abwehrmechanismen und die Persönlichkeitsentwicklung, die uns wieder zum Ausgangspunkt dieses Kapitels zurückbringen wird: zum Körper.

Die drei Etagen der Seele: Persönlichkeitsstruktur

Die Persönlichkeit eines Menschen besteht aus drei Systemen, die in drei Bereichen aktiv sein können: Es, Ich und Über-Ich im Unbewussten, Vorbewussten und Bewussten.

Das Es

Das Es ist der Ur-Sumpf der Persönlichkeit, aus dem alles Leben kommt und aus dem sich nach der Geburt das Ich und das Über-Ich entwickeln. Im Es ist alles Vererbte, einschließlich der Triebe, allen voran die beiden Haupttriebe: Sex und Aggression. Aus dem Es kommt alle Energie, die Freud »Libido« nennt, und die auch das Ich und das Über-Ich versorgt. Das Es produziert, durch innere und äußere Anreize, ständig Energie, die zu Spannung führt, unbehaglich ist, und deshalb abgeführt werden muss, so dass wieder ein ausgeglichener Zustand (»Homöostase«) erreicht wird. Das Es sucht Behagen und vermeidet Unbehagen, es funktioniert ganz nach dem »Lustprinzip«. Schmerz oder Unlust wird vermieden, Lust wird gesucht.

Eine einfache Art, Spannung zu mindern und Lust zu erleben, ist, sich etwas Schönes auszudenken. Wir sprechen dann von Wunschdenken, Träumen oder Halluzinationen. Wer hungert, entwickelt die Vorstellung von einem herrlichen Essen, und wer dürstet, vor dessen geistigem Auge stellt sich leicht ein kühles Bier ein. Dies wären Beispiele für phantasierte Wuncherfüllung. Nach Freud sind unsere Träume nach dem Prinzip der Wunscherfüllung gestaltet; sie enthalten, verschlüsselt durch die »Traumarbeit«, die Wünsche des Es in Bildern und Szenen. Freud nahm an, dass auch die Halluzinationen von psychotisch erkrankten Menschen verschlüsselte Wunschbilder sind. Weil diese Art der Wunscherfüllung von der Realität keine Kenntnis nimmt, nannte er diese Art von Denken »Primärprozess-Denken«. Das mag etwas abstrus klingen; nichtsdestoweniger ist es auch in der nicht-psychotischen Bevölkerung durchaus beliebt. »Die Kraft des positiven Denkens«, der Bestseller von Norman Vincent Peale zum Beispiel, beruht im Prinzip auf der Anwendung von Primärprozess-Denken. Man stellt sich Gewünschtes vor, in dem Glauben, dass es sich dann auch einstellt. Aber auch in der Sportpsychologie wird mit »Vorstellungen«, oder mentalen Bildern, gearbeitet. Basketballspieler oder Skispringer machen sich ein Bild vom gewünschten Wurf oder Sprung. Ebenso werden mentale Bilder in der Therapie krebskranker Menschen genutzt. Nachweislich können solche Vorstellungstechniken zu messbaren Ergebnissen führen. Der Unterschied zwischen einem (gesunden) Traum und einer (kranken) Halluzination ist der, dass der Träumende einen Traum von der Wirklichkeit unterscheiden kann, während der Halluzinierende die Halluzination für die Wirklichkeit hält – er lebt sozusagen im Traum, aus dem er nicht erwachen kann.

Das Ich

Phantasien kann man nicht essen. Diese Einsicht ist eine Errungenschaft des Ich, das nach dem Realitätsprinzip vorgeht. Das Ich ist dafür zuständig, die Wunschvorstellung mit der Realität zu vergleichen, den Wunsch so lange unerfüllt zu halten, und damit die Spannung auszuhalten, bis Wunscherfüllung und Spannungsabfuhr realistisch möglich sind. Die Art des Denkens, die in der Wirklichkeit nach realistischen Möglichkeiten der Wunscherfüllung sucht, sie erfindet, und findet, nennt Freud »Sekundärprozess-Denken«. So werden zum Beispiel sexuelle Wünsche so lange unerfüllt gelassen, bis die Gelegenheit günstig ist, wofür das Ich Sorge zu tragen hat. Das Ich ist die »Exekutive« der Persönlichkeit; es entscheidet, was unter den Umständen angemessen zu tun ist, um zum Ziel zu gelangen, welche Es-Triebe befriedigt werden (können) und auf welchen Wegen dies möglich ist. Das Ich hat noch eine weitere Aufgabe: es muss ständig verhandeln, wie der Sicherheitsrat in der UNO, um möglichst diplomatisch zu vermitteln zwischen dem Es und dem Über-Ich.

Das Es lässt sich beeinflussen – zum Beispiel durch positives Denken oder durch mentale Bilder. Auf diese Weise lassen sich zum Beispiel Schmerzen besser ertragen.

Das Über-Ich

Im Über-Ich sind alle moralischen Werte, Gesetze und Verbote der Gesellschaft enthalten, wie sie uns durch Eltern, Lehrer und Vorbilder in der Erziehung übermittelt werden. Das Über-Ich ist der innere Richter, der über gut und böse entscheidet. Das Es will sich vergnügen, das Ich sieht zu, wie das möglich ist, und das

Das Über-Ich ist der innere Richter, der über gut und böse entscheidet. Bei Bedarf kann es zu Strafmaßnahmen greifen. Dann leiden wir unter Schuldgefühlen, Scham, Gewissensbisse.

Über-Ich sieht nach dem Rechten. Es setzt Maßstäbe und Ideale. Deshalb spricht man auch vom Ich-Ideal. Wird das Ich-Ideal nicht erreicht (z.B. das Idealgewicht), spricht das Über-Ich eine Strafe aus (z.B. »Diät«). Strafmaßnahmen des Über-Ich können auch sein: Schuldgefühle, Scham, Gewissensbisse. Die Diät kann auch dazu dienen, solche Gefühle zu lindern, so dass Strafe und Wiedergutmachung zusammenfallen. Wird das Ich-Ideal erreicht, stellt sich ein Gefühl von Stolz ein, und das Über-Ich mag sich für eine Belohnung (z.B. Torte) entscheiden. Das Ich-Ideal kann aus dem Ruder laufen und zu hoch werden (»Perfektionismus«). Wenn dann auch das Über-Ich die Tendenz hat, wegen der verfehlten Ich-Ideale (weil sie zu hoch angesetzt sind) immer strenger zu werden und immer mehr zu bestrafen, kann es zu Situationen kommen, in denen sich das »Opfer« einer solchen Persönlichkeitsstruktur »kaputt macht«; es ist, als würden sich im Inneren Über-Ich und Ich-Ideal zu einer Mafia zusammenschließen, die immer mehr verlangt und immer härter bestraft, wenn das Verlangte nicht gegeben wird. Dieser Zustand kann erlebt werden als Überarbeitung, Nicht-zur-Ruhe-kommen-können, Erschöpfung, Burn-Out, Überforderung, Minderwertigkeitsgefühl, Angst-und-ich-weiß-nicht-wovor. In dem Fall wäre es gut, wenn das Ich sich mit dem Es verbündet, um die Mafia in ihre Schranken zu weisen, oder Verstärkung von außen holt: einen vernünftigen Freund zum Beispiel.

Man nimmt an, dass das Über-Ich stark durch Erziehung geprägt wird und, im Bild gesprochen, die Eltern und Elternfiguren in die Persönlichkeit aufnimmt, so dass Kinder sich auch in Abwesenheit der Eltern so verhalten, wie diese es fordern.

Im Idealfall bilden Es, Ich und Über-Ich ein kooperatives und kreatives Team, im Realfall ein Pack, das sich je nach Stimmung und Bedarf schlägt und verträgt, und im Katastrophenfall einen zerstrittenen Haufen, der sich selbst zerstört.

Sich die Angst vom Leib halten: Die Abwehrmechanismen

Freud hatte mit Patienten zu tun, die an unerklärlichen Ängsten, Zwängen und anderen Macken litten. Er fragte sich, was diese »Symptome« für einen Sinn haben könnten – ob nicht etwa eine innere Logik das irrationale Verhalten bestimmen könnte. Über die Jahre dachte er sich durch viele Irrwege, kam zu Erkenntnissen, die er später als unzutreffend erkennen musste. Schließlich ergab sich ein Grundzug in der Logik der Symptome: Sie sind Kompromissbildungen zwischen den – vor allem aggressiven und sexuellen – Impulsen

Angst schleicht sich ein, wenn wir etwas Verbotenes tun.

aus dem Es und den Geboten und Verboten aus dem Ich und Über-Ich. Weil das freie Ausleben dieser Impulse durch Kultur und Über-Ich (die Kultur im Kopf) verboten ist, müssen sie sich anders Ausdruck verschaffen. Verbotenes tun macht Angst. Die Angst wird gelindert, wenn das Verbotene heimlich, unbemerkt oder in Verkleidung getan wird. Sportliche Wettkämpfe zum Beispiel erlauben aggressives Verhalten, ja, machen es sogar zur Tugend.

Eine andere Art, den Konflikt zwischen Es-Impulsen und Über-Ich-Sanktionen zu entschärfen,

ist, ihn einfach unter den Teppich (des Bewusstseins) zu kehren, nach dem Motto: »Was ich nicht weiß, macht mich nicht heiß«. Der aggressive oder sexuelle Impuls wird dann verdrängt, und die raffinierten Methoden, verbotene Wünsche zu verdrängen, nennt die Psychoanalyse Abwehrmechanismen: was abgewehrt wird, ist das Verbotene und die Angst vor Bestrafung. Die Verdrängung wird nie vollständig sein können, so dass die Angst zwar gelindert, aber nicht aufgelöst werden kann. Angst, meinte Freud, ist der Preis der Zivilisation. Eine Zivilisation, die alles erlaubte, würde im Chaos enden.

Die Abwehrmechanismen bilden den Kern von Freuds Neurosen- und Psychosentheorie und werden eingehender besprochen im nächsten Kapitel, wenn es um seelische Krankheit und Therapie geht (s. S. 148ff.).

Erogene Zonen: Die Entwicklung der Persönlichkeit
Freud behauptete, Sexualität beginne nicht mit der Pubertät, sondern mit der Geburt. Kinder seien von Beginn ihres Lebens lustbegehrende Wesen, denen weit mehr Formen sexuellen Genusses zur Verfügung stehen als das, was Erwachsene in erzwungener Bescheidenheit für allein seligmachenden Sex halten: Koitus. Seine Vorstellung, die er von der psychosexuellen Entwicklung hatte, ging von dem Grundgedanken aus: Persönlichkeit, Körper und Sexualität entwickeln sich miteinander im Zusammenspiel.

Nach Freud ist die erste Phase der Persönlichkeitsentwicklung die »orale«.

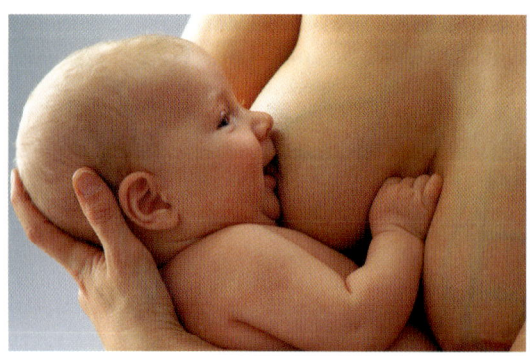

Ausgangserfahrung ist im ersten Lebensjahr des Säuglings das, wonach er seinen Namen hat: er saugt an der Mutterbrust, und wenn er keine vorfindet, an der Flasche oder am Daumen. Die Lustquelle ist die Brust-Mund-Verbindung, das Saugen, Lutschen, sich Einverleiben, und deshalb bekommt diese Phase den Namen »oral«.

Die orale Phase wird im zweiten Lebensjahr abgelöst von der »analen« Phase, in der sich der körperlich-seelische Lustgewinn am Anus konzentriert, am Ausscheiden, an der Produktion, für die das Kind in den höchsten Tönen gelobt wird, als beschenkte es seine Eltern mit Gold oder Geld. Aber auch das Zurückhalten der Schätze im Bauch bringt Lust, und vielleicht die erste Erfahrung von Macht-Lust, wenn die Eltern, oder inzwischen eher die Großeltern, dadurch zur Weißglut zu bringen sind, dass das Kleine den Topf füllt, und die Windeln, wann es will, und nicht wann die Eltern wollen.

In der dritten, »phallischen« Phase im Alter von ca. 4 bis 5 Jahren entdecken Kinder ihre Genitalien als Lustquelle. Sie spielen damit, sofern sie nicht daran gehindert oder davon abgelenkt werden, und sie interessieren sich für das andere Geschlecht und die körperlichen Unterschiede zwischen den Geschlechtern.

Zwischen der phallischen und der genitalen Phase glaubte Freud eine »Latenzzeit« zu entdecken, in der das Interesse am Körper als Lustquelle vorübergehend verblasst und sich die Aufmerksamkeit mehr auf die Umwelt und ihre Eroberung und Bewältigung richtet.

Mit dem Einsetzen der Pubertät beginnt die genitale Phase, in der sich entwickelt, was als »reife« Sexualität gilt, nämlich die Koitus-orientierte Sexualität mit der Funktion der Fortpflanzung.

Wie Kretschmer Charakterzüge an die Körperformen band, so versuchten Freud und seine Mitstreiter, Persönlichkeitszüge mit der psychosexuellen Entwicklung in Verbindung zu bringen. Sie meinten, dass die Entwicklung an der einen oder anderen Stufe hängen bleiben könnte – »fixiert« –, was beispielsweise zu

Bleibt die Entwicklung in der analen Phase stecken, strebt die Persönlichkeit nach Kontrolle, Sauberkeit, Macht, Geld, Sparsamkeit, Ordnung – insofern wäre Onkel Dagobert nach Freuds Konzept das Musterbeispiel einer analen Persönlichkeit.

einem »oralen« Charakter führen kann: Jemand, der eine Schwäche hat für orale Vergnügungen wie essen, trinken oder rauchen und gerne versorgt sein möchte wie ein Säugling von der Mutter. Er wird Abhängigkeitsbedürfnisse und Versorgungswünsche stärker entwickeln als jemand der, sagen wir, eine mehr »anale« Persönlichkeit hat, die Lust findet an Kontrolle, Sauberkeit, Macht, Geld, Sparsamkeit, Ordnung.

Diese Verbindung von Körperregionen, Lustempfindungen und Persönlichkeitszügen ist natürlich hoch spekulativ, und Freud mag geirrt haben. Aber seine Entwicklungstheorie von der Persönlichkeit hat einen genialen Zug, bei allen möglichen Schwächen im Detail: Er versucht, zwischen Körper und Seele eine Brücke zu schlagen, die seit dem Philosophen Descartes eingerissen war, und diese Brücke ist die Sexualität. Tatsächlich sind die Sexualität und sexuelles Begehren ein Bereich menschlichen Erlebens, wo Körper und Seele zugleich besonders heftig und intensiv angesprochen und miteinander verbunden sind.

Phasen der psychosozialen Entwicklung nach Freud			
Phase	Alter	Erogene Zonen	Wichtige Entwicklungsaufgabe
Oral	0–1	Mund	Entwöhnung
Anal	2–3	Anus	Sauberkeitserziehung
Phallisch	4–5	Genitalien	Ödipuskonflikt
Latenz	6–12	–	Abwehrmechanismen
Genital	13–18	Genitalien	reife sexuelle Intimität

Wer sind wir nun wirklich? Vom Sex zum Selbst

Sind wir eine Summe von Eigenschaften, wie die Statistiker und die Trait-Theoretiker sagen? Oder die Summe unserer Erfahrungen, die von den unterschiedlichen Situationen, in die wir geraten, aktiviert werden und unser Verhalten bestimmen, wie die Lerntheoretiker nahe legen? Oder sexbesessene aggressive Eisberge, die nicht wissen, wohin sie treiben?

Weg von der Statistik, weg von Reizen und Reaktionen, weg von hypothetischen Trieben und hin zum Menschen, wie er sich selbst erlebt! So sagte sich eine Gruppe von amerikanischen Wissenschaftlern, die Selbst-Psychologen, von denen drei vorgesellt werden sollen. Einen haben wir schon kennen gelernt: Abraham Maslow (1908–1970), der auch einen »Berg« erfunden hatte, nämlich die hierarchische Pyramide der Bedürfnisse. Der zweite, den wir kennen lernen, ist Carl Rogers (1902–1987) und der dritte hat versucht, eine Brücke zu bauen zwischen den Selbst-Psychologen und der Psychoanalyse: Heinz Kohut (1913–1981).

Selbstverwirklicher oder Vorbilder?

Selbst-Psychologen gewannen ihre Erkenntnisse im Umgang mit (relativ) »gesunden« (amerikanischen) Menschen, die ihr (gesundes) Selbst verwirklichen. Besonders Abraham Maslow hat versucht, das Geheimnis amerikanischer Selbstverwirklicher (»Self-Actualizers«) zu ergründen. Maslow beschäftigte sich zunächst mit prominenten historischen Persönlichkeiten, die er als

Selbstverwirklicher nach Abraham Maslow …

haben eine gute Realitätswahrnehmung und können Ungewissheit ertragen
akzeptieren sich und andere, wie sie sind
sind spontan im Denken und im Handeln
sind mehr problemorientiert als selbstorientiert
haben Humor
sind kreativ
bewahren ihre Individualität auch unter sozialem Anpassungsdruck
kümmern sich um das Wohlergehen der Menschheit
haben eine tiefe Wertschätzung der Grunderfahrungen des Lebens
haben tiefe, befriedigende Beziehungen mit eher weniger als mit vielen Menschen
können das Leben von einem objektiven Standpunkt einschätzen

Was zu Selbstverwirklichung führt

- Das Leben wie ein Kind erleben, mit voller Hingabe und Konzentration.
- Immer wieder Neues ausprobieren statt am Sicheren, Gewohnten zu hängen.
- Sich auf seine eigenen Gefühle, Gedanken und Erfahrungen zu verlassen, statt auf die Tradition oder die Mehrheit.
- Ehrlich sein; sich nichts vormachen oder »Spielchen spielen«.
- Verantwortung übernehmen.
- Konzentriert und zielstrebig arbeiten.
- Die eigenen Abwehrmanöver erkennen und den Mut haben, sie aufzugeben.

Selbstverwirklicher einschätzte. Darunter waren Namen wie Spinoza, Thomas Jefferson, Abraham Lincoln, Albert Einstein und Eleanor Roosevelt.

Maslow weitete später seine Studien auf Studenten aus, die er als Selbstverwirklicher einschätzte: Sie gehörten zu dem einen Prozent der Bevölkerung, das die stabilste seelische Gesundheit aufwies – sie zeigen keinerlei neurotische oder psychotische Symptome (für einen Psychoanalytiker wäre dies schon ein ernst zu nehmendes Symptom!) und machten das Beste aus ihren Gaben und Begabungen.

Carl Rogers (1902–1987), einer der Väter der Selbst-Psychologie und der Gesprächspsychotherapie.

Hier bin ich Mensch, hier darf ich's sein: Kongruenz-Erleben mit Carl Rogers

Carl Rogers (1902–1980) ist einer der Väter der Selbst-Psychologie und der Gesprächspsychotherapie. Er war Forscher und Therapeut, und möglicherweise war das Geheimnis seines Erfolges, dass er niemanden verändern wollte, sondern einfach zuhörte, sich in seinen »Klienten« hineinversetzte, mitfühlte – »Empathie« ist ein Schlüsselwort – und wie ein Resonanzkörper die Gefühle in Worte fasste, die von seinem Gesprächspartner »rüberkamen«.

Aus seinen therapeutischen Erfahrungen schloss er, dass jeder Mensch eine Vorstellung von sich selber hat – wer er ist, und wer er sein könnte; jeder hat ein eigenes »Selbst-Konzept«. Ein Mensch mit einem starken Selbst-Konzept erlebt die Welt anders als einer mit einem schwachen Selbst-Konzept. Das Selbst-Konzept muss nicht immer mit der äußeren Realität übereinstimmen. Ein Mensch, der nach außen hin sehr erfolgreich ist, kann sich selbst durchaus als Versager erleben.

Nach Rogers bewertet sich jeder Mensch nach dem Maßstab seines Selbst-Konzeptes. Menschen wollen gern so sein, wie es ihrem Selbstbild entspricht; Erfahrungen und Empfindungen, die nicht dazu passen, verursachen Unbehagen und werden deshalb gern außer Acht gelassen – was an Freuds Idee von der Verdrängung erinnert.

Ein Konfliktpunkt, an dem das Seelenleben krankt: Real-Selbst und Ideal-Selbst sind nicht in Übereinstimmung zu bringen.

Je mehr Erlebnisbereiche verleugnet werden müssen, weil sie nicht in das Selbst-Konzept passen, umso breiter wird die Kluft zwischen dem Selbst und der Wirklichkeit und desto wahrscheinlicher werden Angst und Unbehagen. Wenn Erlebnis und Selbst-Konzept nicht »kongruent« sind, muss die Wahrheit vermieden werden, weil sie angstigt. Wenn die Inkongruenz zwischen Selbst-Konzept und erlebter Wirklichkeit zu groß wird, wird die Angst unerträglich und es kommt zu emotionalen Störungen.

Rogers unterscheidet zwischen dem »wirklichen Selbst« und dem »idealen Selbst«. Je geringer die Diskrepanz zwischen beiden, desto kongruenter erlebt sich die Person, also zufriedener und glücklicher, je weiter Ideal- und Real-Selbst auseinander klaffen, desto unzufriedener, angespannter, und zerrissener fühlt sie sich.

Es gibt also nach Rogers zwei Konfliktpunkte, an denen das Seelenleben kranken kann: Wenn das Selbst-

Konzept nicht mit der erlebten Wirklichkeit übereinstimmt und wenn Real-Selbst und Ideal-Selbst nicht harmonieren.

Himmel auf Erden: Bedingungslose Annahme

Das Selbst-Konzept wird nach Rogers weitgehend in der Kindheit durch Erziehung geformt. Manche Gefühle gelten als »verboten«, sind einfach unbeliebt oder werden bestraft und müssen dann aus dem Selbst-Konzept verbannt werden. So entsteht eine Inkongruenz zwischen dem, was erlebt wird, und zwischen dem Selbst-Konzept – dem, was erlaubt ist zu erleben –, und die Folge sind Spannung, Angst, Unbehagen, seelische Erkrankung. Seelische Gesundheit besteht darin, dass alle Erlebnisse, die »erlaubten« wie die »verbotenen«, erlebt werden können und im Selbst-Konzept »Platz finden«. Die beste Voraussetzung für seelische Gesundheit und Zufriedenheit ist »unconditional positive regard« – bedingungslose Akzeptanz. Bedingte Akzeptanz erlebt ein Kind, wenn ihm gesagt wird: »Wenn du brav bist, hab ich dich lieb.« Bedingungslose Akzeptanz erstrebt ein Brautpaar, das verspricht, einander »zu lieben und ehren in guten wie in schlechten Tagen«.

Rogers geht davon aus, dass dem Organismus eine Tendenz innewohnt, sich selbst zu verwirklichen und zu wachsen und sein Potential möglichst voll zu entwickeln.

Wonach die Seele lebenslänglich hungert: Heinz Kohuts Selbst-Psychologie

Heinz Kohut war Psychoanalytiker, übernahm jedoch etliche Ideen der Selbst-Psychologen und nannte seine eigene Art der Psychoanalyse »Selbst-Psychologie«. Er arbeitete im Rahmen seiner psychoanalytischen Behandlungen heraus, was Menschen von frühester Kindheit an brauchen; dies zeigt sich in besonderen Übertragungsformen. Und diese frühen fundamentalen Bedürfnisse – man nennt sie »narzisstisch«, weil sie mit dem Selbstwertgefühl eines Menschen zu tun haben – sind ein Leben lang aktiv. In den folgenden

Übertragungsformen werden nach Kohut Ur-Bedürfnisse erkennbar:

Die Spiegel-Übertragung: Der Mensch hat sein Lebtag lang das Bedürfnis, wahrgenommen zu werden, sich sozusagen im Blick eines anderen Menschen (zuerst wird das in aller Regel die Mutter sein) gespiegelt zu sehen. Ein Kollege – Donald Winnicott – nannte dieses Erlebnis »the glow in the mother's eye«, den Glanz im Auge der Mutter. Durch ihn weiß er, dass er wirklich lebendig ist und existiert. Diese Anerkennungserfahrung kann später viele Formen annehmen, auch ganz alltägliche, z. B. wenn jemand sich freut, dass er mich sieht. Oder wenn man mit Namen angesprochen wird. Im Begrüßungsritual mit Augenkontakt wird die Anerkennungserfahrung aufgefrischt. Beachtet werden. Menschen wollen wirklich und wirksam sein.

Zu den menschlichen Urbedürfnissen gehört der Wunsch nach jemandem, der einen nie verlässt. In der Sprache der Psychologen heißt das Phänomen »Alter-ego-Übertragung«, besser bekannt ist es vielen in Gestalt eines Schutzengels.

Die Alter-Ego-Übertragung: Es ist das Erlebnis, dass jemand bei einem ist, der mit durch dick und dünn geht und einen nie mehr verlässt, ein Seelenzwilling sozusagen, der gute Kamerad, die beste Freundin, der Schutzengel … Menschen wollen dazugehören.

Die idealisierte Übertragung: Ein menschliches Grundbedürfnis ist es, zu bewundern und bewundert zu werden. Es tritt nicht nur in der Selbst-Psychologie zutage, sondern in den meisten Fällen von Verliebtheit, die man als wechselseitige Bewunderungs- und Anbetungsorgie verstehen kann. In weniger aufregenden Zeiten und Beziehungen tut es schon ein anerkennendes Wort oder auch nur ein Blick, um Nachschub für das eigene Selbstwertsystem zu erhalten. Menschen wollen bewundern und bewundert werden.

Bewundern und bewundert werden – ebenfalls ein Grundbedürfnis, das alle Menschen teilen.

Heinz Kohut merkte in seinen psychoanalytischen Behandlungen, dass Menschen diese »narzisstischen«, also selbstwertorientierten Bedürfnisse haben, so lange sie leben, und dass sie immer wieder Erfahrungen und Menschen brauchen, die auf diese Bedürfnisse eingehen: im Dialekt der Selbst-Psychologie heißen Menschen oder Tiere, die für diese Bedürfnisse gebraucht werden und sich zur Verfügung stellen, »Selbst-Objekte«.

Die Evolutionspsychologie: Der Kerl mit der Keule aus der Höhle

Wenn ein 60-jähriger Mann eine 20-jährige Frau heiratet, löst das kein großes Erstaunen aus. Wenn aber ein zwanzigjähriger Mann eine 60-jährige Frau heiratet, fragen sich manche: Was ist da verkehrt gelaufen? Ödipus-Komplex etwa?

Wie kommt es, dass Frauen sich mit Makeup, Schmuck, Kleidung und Frisuren schön machen, um einem Mann zu gefallen, und sich dann zieren, wenn er Gefallen findet, während Männer gerne erzählen, was für tolle Hechte sie sind, wie viel sie verdienen, welche schicken Autos sie fahren, und dazu noch über Bizeps und Waschbrettbauch verfügen?

Wie kommt es, dass Männer schneller als Frauen Sex haben wollen, und dabei weniger wählerisch sind? Eine amerikanische Untersuchung aus dem Jahr 1989 ergab: Wenn sich ein fremder Mann an eine Frau heranmachte, willigten 50 % der Frauen in ein Treffen ein, 6 % waren bereit, mit in seine Wohnung zu gehen, und 0 % war zu Sex bereit. Wenn aber eine Frau einen fremden Mann ansprach, stimmten 50 % der Männer einem Treffen zu, 69 % wollten bereitwillig mit in ihre Wohnung gehen, und 75 % waren zum Sex bereit.

Der Sinn der Weltgeschichte?
Viele Kinder und für jedes nur das Beste!

Die Evolutionspsychologen haben die Antwort endlich
gefunden: Es läuft alles auf die Weitergabe der eigenen
Gene hinaus! Wie Darwin die Evolutionstheorie für die
Biologie entwickelte, so wenden Evolutionspsychologen die Grundüberzeugung Darwins auf die Psyche
an: alles Verhalten ist demzufolge dadurch motiviert,
die Überlebenschancen des Organismus zu erhöhen
und die Gene an die optimale Nachkommenschaft weiterzugeben. Das präge auch die Persönlichkeit, und
weil es um Fortpflanzung und Sexualität geht, ist die
Persönlichkeit vor allem durch das biologische Geschlecht geprägt.

Unterschiede in der Persönlichkeit zwischen Männern und Frauen sind demnach schlicht das Ergebnis
von unterschiedlichen reproduktiven Strategien: Frau-
en trachten danach, Kinder zu bekommen, und weil
Männer die Frauen erobern, die am fruchtbarsten sind,
machen sich die Frauen jung und schön, weil das Beweis ihrer Fruchtbarkeit ist; aber sie werden wählerisch
sein, von wem sie sich befruchten lassen, denn sie wollen sicher sein, dass der Erzeuger ihrer Kinder die
Fähigkeiten und Mittel hat, die Familie zu ernähren
und zu beschützen. Männer, die eine Frau erobern

Für die Evolutionspsy-
chologen liegt die Er-
klärung für menschli-
ches Verhalten in den
Genen: alles läuft auf
die optimale Weitergabe
der eigenen Erbanlagen
hinaus.

wollen, werden deshalb
ihre Eigenschaften als
Ernährer und Beschützer
demonstrieren; sie wer-
den weniger wählerisch
sein, weil sie sich von
ihren Frauen nicht er-
nähren und beschützen
lassen müssen. Deshalb
also machen sich Frauen
schön und jugendlich,
was in Worte übersetzt
heißt: »Ich kann viele
Kinder bekommen«, und
Männer lassen die Mus-

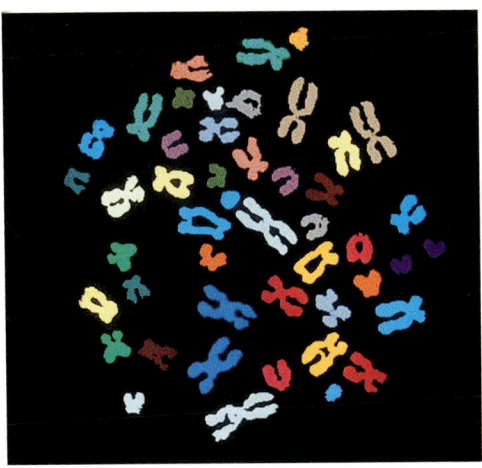

Älterer Mann und junge Frau – in vielen Kulturen der Welt ein gängiges Muster, das die unterschiedlichen reproduktiven Strategien von Männern und Frauen spiegelt.

keln spielen, weil sie mitteilen: »Ich kann am besten ernähren und beschützen«.

Eine Garantie für Fruchtbarkeit ist Jugend, und eine Garantie für ökonomische Ressourcen ist vorgerücktes Alter. Die Evolutionstheorie legt nahe, dass Männer deshalb jüngere Frauen wählen, während Frauen sich zu älteren Männern hingezogen fühlen. Man hat diese geschlechtsspezifischen Unterschiede in der Partnerwahl über 37 Kulturen hinweg nachweisen können.

Es geht aber nicht nur darum, Partnerwahl zu erklären. Die Evolutionspsychologie argumentiert darüber hinaus, dass Männer individualistischer, dominierender und problemlösungsorientierter sind als Frauen, weil diese Persönlichkeitszüge die männliche Reproduktionsfähigkeit über die Zeiten hinweg stärke, und deshalb bilden sie sich immer stärker aus. Frauen seien gemeinschaftsbetonter, sozialer, mitteilsamer, weil diese Eigenschaften für das Fortkommen ihrer Kinder von Vorteil seien und ihre Chancen, von einem Mann erwählt und erkannt zu werden, erhöhten.

Männer sind für eheliche Treue – was ihre Frauen betrifft

Auch unterschiedliche Einstellungen zu Treue und Eifersucht werden aus den evolutionären Strategien der Partnerwahl erklärt: Männer müssen demnach, um ihre Gene zu reproduzieren, möglichst viele Frauen begatten. Deshalb neigen sie zur Vielfalt, oder Untreue. Weil sie aber keine fremden Kinder aufziehen wollen (fremde Gene begünstigen), werden sie zur Eifersucht neigen und über die Treue ihrer Frauen wachen.

Warum Frauen nicht einparken und Männer nicht zuhören können: zwei andere Erklärungen

Zum Unterschied der Persönlichkeit von Männern und Frauen sei auf zwei alternative Modelle hingewiesen. Die Idee, dass die Persönlichkeit mit dem Körper zu tun hat, ist uns schon bei Kretschmer und Freud begegnet. Wenn Männer und Frauen sich in ihrer jeweiligen Persönlichkeit unterscheiden, liegt es nahe, diese Unterschiede auf ihre physiologischen und biologischen Anlagen zurückzuführen: »Anatomy is destiny«. Wie ein Mensch körperlich gebaut ist, ist er auch seelisch gebaut – das wäre die Hypothese.

Freud hat mit seiner Theorie der psychosexuellen Entwicklungsphasen genau das getan. Er nahm an, dass Persönlichkeitsunterschiede mit dem Körper zu tun haben – nicht mit dem Aussehen des Körpers (wie Kretschmar dachte), sondern mit dem Körpererleben. Der Junge hat einen Penis, wie sein Vater, mit dem er sich identifiziert und, unbewusst, die Mutter begehrt – eine Vorstellung, die den Namen Ödipus-Komplex bekommen hat. Die Mutter, oder eine Frau, die die Mutter repräsentiert, ist also das Objekt des sexuellen Be-

Evolutionstheoretische Erklärungen, besonders im Blick auf die Unterschiede der Geschlechter, sind sehr in Mode gekommen. Sie erklären Persönlichkeit aus der Tatsache, dass die Steinzeit, genetisch, noch nicht vorüber sei – was eine verführerisch einfache Erklärung, wenn nicht Rechtfertigung, für die Dominanz der Männer ergibt. Wissenschaftlich problematisch ist dieser Ansatz, weil er sich kaum als falsch erweisen lässt. Wie Freud einst die Psyche aus einer mythologischen Urhorde ableiten wollte, so wollen Evolutionstheoretiker Persönlichkeitsunterschiede aus einer hypothetischen Steinzeitmythologie ableiten.

Penisneid und Kastrationsangst – Freud definiert die Frau als Mangelwesen und den Mann als Maß alles Menschlichen.

gehrens. Nun sieht aber der neugierige Junge, dass seine Schwester, und andere Mädchen, etwas nicht haben, nämlich den Penis. Er muss sich einen Reim darauf machen und kommt zu dem Schluss, dass dem Mädchen der Penis weggeschnitten wurde, und kriegt Angst, dass ihm dasselbe passiert – die berüchtigte »Kastrationsangst«. Das Mädchen beneidet den Jungen um seinen Penis und entwickelt den »Penisneid«. So kann die An- oder Abwesenheit von Körperteilen zu psychischen Größen wie Angst und Neid führen, jedenfalls nach der Freudschen Vorstellung. Die Frau wird als Mangelwesen definiert und der Mann als das Maß alles Menschlichen.

Ziel der Sexualität ist die Triebabfuhr, die in der »reifen« genitalen Phase erreicht wird, indem der Mann die Frau penetriert und ejakuliert. Danach nimmt der Erregungszustand schlagartig ab. Die Frau ist dadurch beglückt, dass sie nun – wenigstens kurzzeitig – einen Penis hat. Es wird von der reifen Frau erwartet, dass sie auf der passiven, rezeptiven Seite genau dasselbe erlebt wie ein Mann, nämlich einen Orgasmus. Wenn dies nicht so ist, leide sie an Frigidität.

Die Sexualität der Frau: »Dark Continent«

Dies ist die männliche Sicht der Dinge. Freud selbst war bescheiden genug zu wissen, dass er über die Sexualität der Frau nichts wusste – er nannte sie einen »dark continent«. Man könnte den Spieß nun umdrehen, und einmal postulieren, dass die Frau und ihre Sexualität der Normalfall sei. Dann müsste man zur Kenntnis nehmen, dass die Frau ein Sexualorgan hat, das ausschließlich der Lustempfindung dient: die Klitoris, die entscheidend für ihr Orgasmuserleben ist. Welchen Einfluss dies auf die Sexualität der Frau hat und damit auf ihre Persönlichkeit, kann vorläufig nur vermutet werden.

Zudem ist die Erregungskurve bei den Geschlechtern sehr verschieden, so verschieden, dass die Forderung, beide müssten zugleich »kommen«, eine Kunstfertigkeit erfordert, die den Spaß weitgehend verhindern kann. Wenn man das sexuelle Erregungserleben graphisch darstellt, wird deutlich, wie unterschiedlich die Geschlechter Sex erleben.

Wir könnten fragen, was es bedeutet, dass Frauen als sexuell eher passiv gelten, Männer als aktiv. Ersteres führt zur Unterdrückung der weiblichen Sexualität, die, von der Physiologie her, wesentlich »potenter« ist als die männliche. Für den Mann entsteht durch das Bild vom Macho, der mit seinem allzeit bereiten im-

Schon seit biblischen Zeiten unverstanden: die Sexualität der Frau. Sigmund Freud schrieb 1925: »Vom Geschlechtsleben des kleinen Mädchens wissen wir weniger als von dem des Knaben. Wir brauchen uns dieser Differenz nicht zu schämen; ist doch auch das Geschlechtsleben des erwachsenen Weibes ein dark continent für die Psychologie.«

127

Wie unterschiedlich Frauen und Männer Sexualität erleben, zeigt die Erregungskurve.

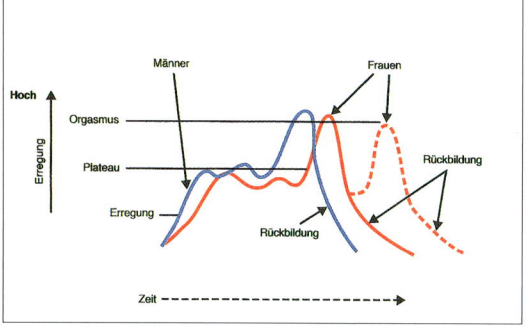

mer erigierten Phallus seine Partnerin zu multiplen Orgasmen führen kann – können muss –, Leistungsdruck und die Angst, zu »versagen«. Der Siegeszug von Viagra & Co gibt Zeugnis davon, wie machtvoll gesellschaftliche Vorstellungen und Mythen, die in Persönlichkeitsbilder eingehen, das intime Verhalten prägen (und wie sich daraus eine Menge Geld machen lässt).

Ginge man tatsächlich davon aus, dass der Körper die Persönlichkeit prägt, müsste die Realität des weiblichen Körpers zur Kenntnis genommen werden und ebenso die des männlichen Körpers. Was bedeutet es für den Mann, dass er kein Organ hat, das ausschließlich der Lust dient? Und dass sein Lust-Organ eher fragil ist und nicht willentlich und durch Muskelkraft beherrscht werden kann und wegen seiner Unkontrollierbarkeit sehr viel Angst machen kann?

Die Mütter sind's, die Mütter! – Objektbeziehungtheorie

Eine der Freudschen Weiterentwicklungen in der Psychoanalyse ist die Objektbeziehungstheorie – ausgehend von der Freud-Schülerin Melanie Klein (1882–1960). Sie geht davon aus, dass Menschen nicht (nur) Dampfkessel sind, die nach Triebabfuhr streben, sondern dass das primäre Interesse des Menschen darin besteht, eine Beziehung zu einem anderen Menschen zu haben. Und so sind es die frühen Beziehungen, die unsere Persönlichkeit prägen. Der Mensch ist in erster

Linie ein Beziehungswesen, nicht ein Triebwesen, und wenn schon Trieb, dann ist es eher ein Beziehungstrieb, der den Menschen motiviert und bewegt. Dies hat wichtige Folgen für die Persönlichkeit von Frauen und Männern und ihre Identitätsentwicklung.

Melanie Klein (1882–1960) trug mit ihren Schriften wesentlich zur Entwicklung der modernen Psychoanalyse bei. Sie gilt als eine der Begründerinnen der Objektbeziehungstheorie.

Die erste wichtige Person – das »Primärobjekt« – ist für beide Geschlechter die Mutter. Das bedeutet: der heterosexuelle Mann hat als Sexualpartner immer ein Objekt, das das Geschlecht des Primärobjektes hat. Er muss sich nicht umstellen: Sein Begehren gilt von der Wiege bis zur Bahre dem gegengeschlechtlichen Objekt. Anders bei der heterosexuellen Frau: sie »muss« diese erste Liebe verlassen und vom weiblichen auf ein männliches Objekt der Begierde wechseln, vom gleichgeschlechtlichen zum gegengeschlechtlichen. Beim Mann wiederholt sich möglicherweise (unbewusst) diese Ur-Beziehungs-Erfahrung mit jeder Frau, mit der er verkehrt, während dies für die Frau nicht der Fall ist. Sie hat immer nur die »zweite Wahl«, und die Resonanz der Urbeziehung mit dem Primärobjekt ist beim Sex mit einem Mann möglicherweise nicht so direkt und stark wie beim Mann.

Welche Auswirkungen dies auf die Sexualität und die Persönlichkeit von Männern und Frauen hat, kann wiederum nur vermutet werden. Wenn früheste Beziehungen prägend sind, wäre zu erwarten, dass durch die gemeinsame Primärobjektbeziehung sehr viel Ähnlichkeit zwischen Männern und Frauen besteht, dass sie aber Sexualität durchaus unterschiedlich erleben. Eine mögliche Hypothese: Für Männer wäre Sex psychisch lebensnotwendiger (weil er sie mit dem Primärobjekt verbindet), für Frauen weniger notwendig, weniger »dringend« und deshalb mehr vergnüglich. Männer heiraten in der Frau die Mutter, Frauen heiraten auch die Mutter im Mann.

Der ganz normale Wahnsinn: Frustration

Es gibt unzählige frustrierende Situationen: Im Stau stehen, auf eine Diagnose warten, Geldmangel, bei der Beförderung übergangen werden, bestellt sein und nicht abgeholt werden, ein platter Fahrradreifen, ein Blackout in der Prüfung, eine unglückliche Liebe, ein verregnetes Wochenende ... Im Grunde besteht das Leben – zum Glück nicht *nur* – aus einer Folge von Frustrationen, mit denen wir fertig werden müssen. Frustrationen entstehen entweder aus äußeren Bedingungen (wenn sich Hindernisse in den Weg stellen), aus persönlichen Begrenzungen oder aus Konflikten.

Besonders frustrierend wird es, wenn die Konflikte im Innenleben stattfinden. Wenn sie nicht gelöst werden können, kommt es zu Aggression, Apathie, Regression und vor allem: Angst.

Grundkonflikte des Lebens

Eine unerschöpfliche Quelle von Frustration ist der Konflikt zwischen zwei Motiven. Wenn wir uns nicht entscheiden können, haben wir es meistens mit einem so genannten Ambivalenz-Konflikt zu tun. Er entsteht dann, wenn man etwas will, was man zugleich nicht will oder fürchtet. Es handelt sich also um Lust/Angst-Konflikte. Ein Junge steht vor dem Sprungturm im Schwimmbad. Soll er springen oder nicht? Er möchte seinen Kameraden imponieren, und zugleich hat er Angst vor dem Sprung. Zehn Jahre später möchte er Fallschirmspringen – aber traut er sich? Oft äußern sich Ambivalenz-Konflikte in einem speziellen Verhalten: Zuerst freut sich der junge Mann auf den ersten Fallschirmsprung. Je näher aber der Zeitpunkt rückt, desto mehr Angst bekommt er und fragt sich, ob er es nicht doch lieber bleiben lassen soll. Der Ambivalenz-Konflikt äußert sich oft in der Form eines Annäherungs-Vermeidungs-Verhaltens: Viele erleben diesen Annährungs-Vermeidungs-Konflikt (»Approach-Avoidance«), wenn es um den Urlaub geht: Im Winter wird voller Vorfreude der Reisekatalog gewälzt und ein herrlicher Familienurlaub geplant. Je näher der Urlaub

Ein klassischer Ambivalenz-Konflikt: Springen oder nicht?

rückt, desto häufiger regen sich Gedanken an die Packerei, die Streiterei, was mitgenommen und eingepackt wird, wann die Abfahrt sein soll, es graut einem vor der 26-Stunden-Fahrt von Stau zu Stau. Und wenn neben der Unterkunft eine Baustelle ist? Und wer mäht den Rasen und nimmt die Katze oder die Meerschweinchen? Ach, hätte man die Reiserücktrittsversicherung nicht vergessen abzuschließen, könnte man absagen – wie schön wäre ein ruhiger Urlaub auf Balkonien!

In unserer Gesellschaft entstehen die meisten Ambivalenz-Konflikte, wenn es um folgende Motive geht, die miteinander im Widerspruch stehen:

- **Unabhängigkeit versus Abhängigkeit.** Wenn die Zeiten schwer sind, wünschen wir uns, jemand würde für uns sorgen und uns die Entscheidungen abnehmen. Wenn wir »gut drauf« sind, packen wir die Probleme am liebsten selber an und mögen Hilfsangebote sogar beleidigt zurückweisen oder zumindest als Zumutung empfinden.
- **Intimität versus Isolation:** Das Bedürfnis, sich anzuvertrauen, Geheimnisse zu teilen, die innersten Gedanken auszutauschen, sich zu öffnen kämpft mit der Angst, das Gesicht zu verlieren, ausgelacht, beschämt, abgelehnt zu werden.
- **Kooperation versus Rivalität.** Eltern möchten, dass ihre Kinder erfolgreich sind, und Kinder selber

möchten gern die Ersten und die Besten sein. Zugleich möchten sie beliebt sein, und die Eltern mahnen ordentliches Sozialverhalten an. Wie bringt man es unter einen Hut, der Beste von allen zu sein, und zugleich der beste Team-Arbeiter unter allen?

• **Spontaneität versus Benehmen.** Jede Gesellschaft hat Regeln, Gebote und Verbote, die spontanes Verhalten (»die Sau rauslassen«) begrenzen. Sexualität und Aggression sind zwei der Bereiche, in denen unsere Impulse mit den gesellschaftlichen und den verinnerlichten Normen (Gewissen, Schuld, Scham) in Konflikt geraten.

»Greife lieber zur HB«: Reaktionen auf Frustrationen
Manchmal kristallisiert sich das wirkliche Leben in Experimenten. Ein klassisches Experiment aus dem Jahr 1941 zeigt, wie Frustration entsteht und was sie auslösen kann: im Labor und im Leben. Wir beobachten folgendes:

Am ersten Tag kommen Kinder in einen Raum, in dem sie verschiedene Spielzeuge vorfinden, die alle eines gemeinsam haben: etwas fehlt – ein Stuhl ohne Tisch, ein Bügelbrett ohne Bügeleisen, eine Wählscheibe ohne Telefon, Wasserspielzeuge ohne Wasser. Die meisten Kinder fangen an, vergnügt zu spielen. Sie stellen sich die fehlenden Teile vor oder erfinden sie: Sie benützen Papier als Wasser, auf dem sie segeln, oder benützen ihre Faust als Telefon.

Aggression ist oft die Folge, wenn wir uns frustiert fühlen.

Zweiter Tag unserer Beobachtung: Wir sehen eine Gruppe Kinder, die sich völlig anders verhält. Sie können offenbar nicht richtig spielen, können mit den Spielzeugen nichts anfangen, werfen sie herum, treten auf sie ein oder machen sie kaputt. Wenn sie die Malstifte verwenden, kritzeln sie wie kleinere Kinder. Sie maulen und meckern und jammern den Erwachsenen an, der bei ihnen ist. Ein Kind liegt am Boden und starrt gegen die Decke, es murmelt Kinderreime vor sich hin wie in Trance.

Warum verhalten sich die Kinder so unterschiedlich? Sind die Kinder, die wir am zweiten Tag sahen, etwa gestört? Krank? Neurotisch? Nein, es sind die gleichen Kinder wie am ersten Tag der Beobachtung. Der Unterschied: Sie sind frustriert. Und zwar deshalb, weil der Raumteiler entfernt ist, und sie nun in der anderen Hälfte des Raumes Spielsachen sehen können, die nicht kaputt sind, und noch schönere dazu. Nur: der Zugang dazu ist ihnen verwehrt.

Solange sie nichts von den schöneren Spielsachen wussten, spielten sie glücklich und zufrieden mit dem, was sie hatten. Erst als sie sahen, dass sie etwas noch Schöneres, Besseres haben konnten, aber nicht haben durften, waren sie frustriert und reagierten aggressiv, apathisch, regressiv oder ängstlich. Dieses Experiment wiederholt sich sinngemäß wahrscheinlich jeden Abend millionenfach vor dem Fernseher in den Werbepausen.

Wir können es uns kaum erlauben, so offen zu reagieren wie die Kinder, deshalb müssen wir auf erwachsene oder kultiviertere Äußerungen von Aggression, Apathie, Regression und Angst zurückgreifen.

Aggression

Blanke Aggression ist eher selten. Eine Möglichkeit, auf Frustrationen zu reagieren, ist die »Verschiebung«: so wird nicht die Quelle der Frustration angegriffen (etwa der Vorgesetzte), sondern etwas anderes (die Kaffeemaschine geht zu Bruch), vielleicht wird auch der Lehrling zur Schnecke gemacht oder der Ehepartner zu Hause – irgendein Sündenbock wird gefunden. Das gilt nicht nur individuell zwischen Personen, sondern auch zwischen Gruppen. So wird in schlechten Zeiten, wenn die Frustration durch Arbeitslosigkeit generell

In Gewalt gegen Unschuldige und Wehrlose sucht sich angestaute Frustration ihr Ventil.

steigt, der Ärger durch Vorurteile gegen Minderheiten verschoben: dann sind die Ausländer, Juden, Schwulen, Alten, Jungen ... schuld.

Apathie

Dies ist die der Aggression entgegengesetzte Reaktion auf Frustration. Apathie kann gelernt werden: Wenn jemand wiederholt erlebt, dass sein Ärger oder anderes Verhalten nichts bringt, wird er resignieren. Dies wurde experimentell auch bei Hunden nachgewiesen: wenn sie gelernt hatten, dass sie einem Stromschlag nicht entgehen können, egal was sie machen, erleiden sie ihn apathisch. Selbst wenn ihnen dann wieder die Möglichkeit gegeben wird, wegzulaufen, bleiben sie liegen und erleiden den Stromschlag: sie haben gelernt, hilflos zu sein. Der amerikanische Psychologe Martin Seligman nannte dieses Phänomen »learned helplessness«. Er nahm an, auch Depression bei Menschen sei »erlernte Hilflosigkeit« – in diesem Fall auf Schicksalsschläge.

Experimente mit Menschen, die Aufgaben zu lösen hatten, zeigen: wer (zu) oft Misserfolg hat, wird leichter aufgeben und es am Ende gar nicht mehr versuchen. Einer Gruppe von Probanden wurden unlösbare Aufgaben gegeben. Dann wurden sie in einen Raum gebracht, in dem sie lästigem Lärm ausgesetzt waren, der allerdings durch einen Schalter beendet werden konnte. Eine andere Gruppe hatte lösbare Aufgaben bekommen; sie machte sich gleich auf die Suche und schaltete den Lärm nach kurzer Zeit ab. Die »unlösbare« Gruppe ergab sich passiv ihrem Schicksal. Sie hatte offenbar gelernt: Wir schaffen das doch nicht!

Dauerhafte Frustration kann zu tödlicher Apathie führen. Dies zeigen Erfahrungen aus Konzentrations- und Kriegsgefangenenlagern. Die Gefangenen werden apathisch, sie hören auf zu essen und warten auf den

Tod. Im Koreakrieg wurden solche Reaktionen beobachtet, und die Erfahrung war, dass gefangene Soldaten, die diese lebensgefährlichen Apathie-Reaktionen zeigten, nur durch zwei Maßnahmen zu retten waren: aufstehen und etwas tun, irgendetwas, egal wie trivial es war – oder sich für ein gegenwärtiges oder zukünftiges Problem zu interessieren.

Regression

Regression bedeutet, auf ein früheres Verhaltensmuster zurückzugehen. In dem eingangs beschriebenen Experiment »regredierten« die Probanden zu Verhaltensweisen, die Kindern entsprachen, die anderthalb Jahre jünger waren. Bei Konflikten – z. B. wenn einer dem andern den Parkplatz wegnimmt – kann man die Regression in Aktion sehen: Zuerst wird geredet, dann geschrien, dann wird wild mit den Armen gefuchtelt, und am Ende wälzen sich vielleicht zwei erwachsene Männer wie kleine Jungen mit blutigen Nasen am Boden.

Die innere Logik der Regression besteht darin, dass wir bei Frustration auf Verhaltensweisen zurückgreifen, die früher erfolgreich waren. In der Kindheit ist zum Beispiel Schreien erfolgreicher als vernünftiges Sprechen: Eltern würden in der Nacht um zwei nicht aufwachen und aufstehen, wenn das Baby mit ruhiger Stimme nach der Flasche fragte. Wenn eine Familie Zuwachs bekommt, fangen ältere Kinder manchmal an, wieder einzunässen. Dies ist vermutlich effektiver, um die Aufmerksamkeit der Eltern, die vorwiegend dem Neugeborenen gilt, zurückzugewinnen, als eine höfliche Erinnerung, dass es einen auch noch gibt.

Regression kann auch der Erholung dienen,

Wellness oder wohltuende Regression?

dem »Auftanken«. Der Griff zur Flasche, das Glas Wein, die Stunde vor der Glotze, das Betthupferl, der Gute-Nacht-Kuss mögen Formen einer wohltuenden rekreativen Regression sein, die gekrönt wird vom Rückzug ins Bett.

Angst

Bislang war von beobachtbaren Reaktionen auf Frustration die Rede. Um diese Reaktionen zu verstehen und zu erklären, haben die Psychologen das Konzept der »Angst« eingeführt. Jede Situation, die das Wohlergehen des Organismus bedroht, führt zu Angst. Die Psychologie unterscheidet verschiedene Variationen von Angst:

Furcht ist die Angst vor einer konkreten Gefahr: Wenn in der Nacht im Haus »verdächtige« Geräusche zu hören sind, fürchtet man, dass Einbrecher am Werk sind.

Phobien sind Ängste vor konkreten Dingen und Situationen, die keine direkte Gefahr bergen: Auf einen hohen Turm zu steigen, birgt keine Gefahr, sofern man die dafür vorgesehenen Treppen benützt und das Geländer. Dennoch haben viele Menschen Höhenangst, auch von Goethe ist bekannt, dass er unter einer Höhenphobie litt. Der kleine Albert, den wir schon in Kapitel 2 kennen gelernt haben, hatte eine Phobie vor allem Pelzigen. Ein großer Platz ist ungefährlich, und doch gibt es Menschen, die nicht über offene Plätze gehen können – wegen ihrer Agoraphobie. Mehr Menschen, als man gewöhnlich annimmt, vermeiden es, Aufzüge zu benützen, wegen ihrer Klaustrophobie: der Angst vor dem Eingeschlossenwerden. Dies bezieht sich nicht nur auf Aufzüge, es kann sich auf alle Räume generalisieren. Deshalb können es Menschen, die darunter leiden, oft nur in einem Raum aushalten, wenn die Tür offen bleibt.

Schließlich ist da noch die Angst – und man weiß nicht, wovor. Man wacht morgens auf und hat einfach Angst. Psychoanalytiker nennen diese Angst **neurotisch**, weil sie davon ausgehen, dass sie einem unbe-

Konkreter als in dieser Szene aus »Der unsichtbare Dritte« kann eine Gefahr kaum sein – Cary Grant zeigt uns, wie Furcht aussieht.

wussten Konflikt zwischen Es-Impulsen und Ich- oder Über-Ich Restriktionen entspringt. Das heißt: Verbotene Wünsche, die nicht bewusst werden dürfen, machen Angst, aber man weiß – oder darf nicht wissen – wovor.

Mit der Angst fertigwerden: Abwehr(mechanismen) und Coping

Angst ist eine unangenehme Empfindung, die man in aller Regel so schnell wie möglich loswerden möchte. Im Laufe unseres Lebens entwickeln wir Mittel und Wege, uns Angst und andere unbehagliche und schmerzliche Gefühle vom Leib zu halten – sie abzuwehren. Die Strategien und Methoden, die dabei verwendet werden, haben deshalb den Namen »Abwehrmechanismen« erhalten.

Freuds jüngste Tochter Anna hat 1936 ein berühmtes Buch geschrieben, das aufführt, welche Möglichkeiten es gibt, mit Angst und Ängsten umzugehen: »Das Ich und die Abwehrmechanismen«. Die Abwehrmechanismen sollen die Angst erträglich machen oder bewältigen. Sie sind nicht auf psychisch kranke Menschen beschränkt,

Anna Freud (1895–1982), die Tochter des berühmten Psychoanalytikers, hat in ihrem Buch »Das Ich und die Abwehrmechanismen« untersucht, wie wir mit der Angst umgehen.

im Gegenteil: ohne Abwehrmechanismen könnte niemand psychisch überleben. In Amerika wurde der Begriff »coping strategies« oder einfach »coping« eingeführt: Coping bezieht sich auf bewusste Anstrengungen, ein Problem, das Angst oder Unbehagen verursacht, zu lösen. Abwehrmechanismen dagegen sind Methoden, meist unbewusst und nicht frei von einer Prise Selbsttäuschung, mit der Angst umzugehen, statt die Ursache der Angst zu beheben. Ein Kennzeichen von seelischer Gesundheit ist, dass die Abwehrmechanismen funktionieren. Sie sind für die Seele etwa das, was für den Körper das Immunsystem ist. Hier sind die bekanntesten, die uns im täglichen Leben begegnen:

Verdrängung: »unter den Teppich kehren«

Das ist sozusagen der Ur-Abwehrmechanismus. Innere Impulse und äußere Wahrnehmungen, die schmerzhaft sind, die beschämen würden, die Angst oder Schuldgefühle erregen, werden ins Unbewusste verdrängt. Verdrängung ist meist nicht völlig erfolgreich, d. h., die Geister, die man zur Tür hinausjagt, kommen zum Fenster wieder herein – in der Form von neurotischer Angst (siehe oben); Freud nannte das Phänomen die »Wiederkehr des Verdrängten«. Um die Angst »unten« zu halten, werden verschiedene andere Abwehrmechanismen oder Coping-Strategien aktiviert. Zu den verdrängten Inhalten können Hassgefühle gegen Familienangehörige gehören, inzestuöse Wünsche, negative Gefühle in Bezug auf Verstorbene oder aber traumatische Erlebnisse wie Unfall, Vergewaltigung, Missbrauch in der Kindheit, Bombenangriffe, der Suizid des Partners; nicht zuletzt auch blamable Vorfälle wie Durchfallen bei einer Prüfung, Steckenbleiben in einer öffentlichen Rede oder das berüchtigte Vergessen des Hochzeitstages. Auch Seiten und Eigenschaften von uns, die wir nicht ausstehen und nicht aushalten können, unterliegen der Verdrängung – sie werden »weggesteckt« oder »unter den Teppich gekehrt«.

Zu den gebräuchlichen Strategien gegen die Angst gehört die Rationalisierung: so behaupten wir beim Zuspätkommen dann, der Wecker habe nicht geklingelt.

Rationalisierung: »der Wecker hat nicht geläutet«

Die »klassische« Geschichte zu dem Begriff ist Äsops Fabel von dem Fuchs, der von den Trauben, die zu hoch hängen, behauptet, sie seien ihm zu sauer. Rationalisierung hat wenig mit »ratio«, also mit Vernunft, zu tun. Bei der Rationalisierung erfinden wir nachträglich Gründe, die unser Verhalten rechtfertigen oder die Enttäuschung mildern, etwa wenn wir ein Ziel nicht erreichen: »Ich wollte ja sowieso nicht«. Manche Rationalisierungen sind auch mit den Notlügen verwandt. Jemand will einer Einladung nicht folgen und sagt: »Ich hab gerade so viel zu tun!«, oder er kommt zu spät und rationalisiert: »Mein Wecker hat nicht geschellt, und dann war noch ein Stau auf der Autobahn«.

Reaktionsbildung: Was sich liebt, das neckt sich

Bisweilen drücken wir Empfindungen einfach durch ihr Gegenteil aus. In amerikanischen Filmkomödien der 6oer Jahre sieht man die Protagonisten zunächst sich beschimpfen und schließlich ohrfeigen – dann der stille Augenblick des Schreckens, dann fallen sie sich in die Arme und küssen sich. Attraktion wird durch Aggression ausgedrückt – bis die Abwehr versagt und der ursprüngliche Impuls durchbricht. Besonders Teenager zeigen sich ihre Zuneigung durch Beschimpfen, Bespucken und andere Bosheiten –

Reaktionsbildung – wenn man sich erst in den Haaren und dann in den Armen liegt.

»was sich liebt, das neckt sich«. Die größten Streithähne werden zu den besten Freunden (und umgekehrt).

Eine besonders nervige Ausprägung der Reaktionsbildung finden wir z. B. bei missionierenden Ex-Rauchern. Die Lust am Laster wandelt sich in die Lust, anderen das Rauchen zu vermiesen. Alle übertriebenen Reaktionen bergen die Wahrscheinlichkeit, dass das Gegenteil auch stimmt – unter der Oberfläche.

Projektion: Der Splitter im Auge des andern

Wie kann man herausfinden, welche Eigenschaften man selbst unbewusst projiziert – das heißt, an sich selbst nicht wahrhaben will und sie deshalb in andere hineinsieht und dort vergrößert wahrnimmt? Es ist mit großer Wahrscheinlichkeit genau das, was uns an unseren Partnern oder Kindern am meisten ärgert und immer wieder zur Weißglut bringt – aus geringstem Anlass oder gar keinem Anlass. So befassen sich manche Menschen intensiv mit der vermuteten Untreue ihres Partners und leiden unter ihrer Eifersucht. Sie würden sich nie eingestehen können, dass sie selbst solche Regungen spüren, geschweige denn genießen könnten. Die quälenden Phantasien vom Seitensprung des Partners können als Kompromissbildung verstanden werden zwischen dem eigenen Impuls (Seitensprung) und dessen Bestrafung (quälende Phantasien und Verlustängste).Wenn Ärger oder gar Wut projiziert wird, entsteht eine feindliche Umwelt – die anderen Menschen werden als ärgerlich, rachsüchtig, böswillig erlebt, auch wenn sie es objektiv nicht sind.

Intellektualisierung: vom Bauch in den Kopf

Statt etwas zu empfinden und auszudrücken, z. B. Schwermut, Traurigkeit, wird über etwas philosophiert. Gibt es das Glück? Oder die Liebe? Wie entsteht Hass? Nicht jede Philosophie ist Intellektualisierung im Sinne der Triebabwehr und Angstbewältigung. Aber jede Intellektualisierung hat etwas Abstraktes, Theoretisches, Philosophisches, Wissenschaftliches. In manchen Berufen, besonders wohl in den helfenden Berufen, hilft Intellektualisierung gegen drohende emotionale Überlastung. Ein Arzt, der in wissenschaftlicher Abgeklärtheit eine gewissenhafte Diagnose stellt, ist hilfreicher als einer, der Angesichts des Leides seines Patienten in Tränen ausbricht und von Mitgefühl überwältigt handlungsunfähig wird.

Verleugnung: Die Befunde wurden vertauscht

Wenn die Wirklichkeit nicht zu verkraften ist, muss sie verleugnet werden. Die Verleugnung kann so etwas wie ein emotionaler Airbag sein. Wenn jemandem unerwartet die Diagnose »Krebs« eröffnet wird, wird er es möglicherweise entweder nicht hören (akustisch) oder nicht glauben und überzeugt sein, dass es sich um eine Fehldiagnose handelt oder die Befunde vertauscht worden sind. Er wird Zeit brauchen, bis die Ungeheuerlichkeit der Diagnose und ihrer Folgen »einsickern« kann, und die Verleugnung gibt ihm die Zeit, sich – unbewusst – für die Realität zu rüsten.

Auf der anderen Seite kann Verleugnung auch gefährlich sein. Wer z. B. Blut im Urin feststellt und sich sagt, dass das schon wieder von selbst vergehen wird – nur eine Erkältung oder eine kleine Entzündung – lebt gefährlich und vielleicht nicht mehr lange.

Verschiebung: Sündenbock und Göttergatte

Der Impuls wird unbewusst auf ein anderes Objekt verschoben. Der Ärger auf den Chef entlädt sich nach

Feierabend auf die Familie, die Wut gegen den Ehemann wird verschoben auf »die Männer«. Oft wird in Gruppen Unmut, den alle empfinden, auf ein »Opfer« verschoben, einen »Sündenbock«, der dann gemobbt wird.

Freud glaubte, dass Regungen, die dem Vater gelten, wie Furcht, Verehrung oder Liebe, mit Hilfe der Religion auf Gott verschoben werden. Man kann in der therapeutischen Praxis auch das Umgekehrte beobachten: Leidenschaftliche Hingabe und innige Liebe werden von Gott auf einen Freund oder eine Freundin verschoben, so dass die Beziehung anmutet wie ein privater Kult, was natürlich nach einer Phase von wechselseitiger Vergötterung zu Problemen führen kann, da die Rolle Gottes selten zur allgemeinen Zufriedenheit wahrgenommen werden kann.

Sublimierung: anbeten statt anfassen

Die Basistriebe Sex, Aggression und Neugierde werden auf eine sozial verträglichere und anerkannte Ebene gehoben, wo sie als Tugenden in sublimierter Form – teilweise – ausgelebt werden können. So sublimiert sich sexuelle Liebe zu Nächstenliebe oder verwandelt sich in kreative Impulse – Malerei, Musik, Literatur. Zum Aufschneiden eines Leibes bedarf es aggressiver Fertigkeiten, sowohl beim Metzger als auch beim Chi-

Sublimierung par excellence repräsentiert der Flamenco: hier wird Sexualität in sozial akzeptierter Form ausgelebt.

rurgen: beide mögen ihre aggressiven Impulse zum Wohle der Menschen sublimieren. Wissenschaft ist ein Beispiel für die Sublimation der Neugierde.

Identifikation mit dem Aggressor:
Geschlagene Kinder werden zu schlagenden Eltern

Diese Abwehrform bezieht sich auf ein Phänomen, das man bei Opfern von Gewalt und Missbrauch lange Zeit nicht verstanden hat: das Opfer fühlt sich schuldig. Es »identifiziert« sich mit dem Täter, dem Angreifer – möglicherweise, um unbewusst von der passiven in die aktive Position zu gelangen, weil »aktiv« leichter auszuhalten ist als »passiv«. Eine durch Untersuchungen gut belegte Tatsache ist, dass überdurchschnittlich viele Eltern, die als Kinder misshandelt wurden, ihre Kindern misshandeln. Auch das Phänomen, dass man anderen hin und wieder antut, was einem selbst »von oben« angetan wurde, kann man so verstehen, dass man sich mit dem Aggressor nicht streitet, sondern identifiziert: man wird wie er (oder sie).

Psychotische Abwehr:
Spaltung und projektive Identifikation

Manche Psychologen sehen die Abwehrmechanismen auf einem Kontinuum von »primitiv« bis »reif«. Das Unterscheidungsmerkmal für mehr oder weniger primitiv bzw. reif ist der Bezug zur Realität. Am unteren Ende der Skala liegen zwei Abwehrmechanismen, die auch »psychotisch« genannt werden, weil sie auf besondere Weise mit der Realität umgehen: Spaltung und projektive Identifikation.

Es gibt Erfahrungen und Gefühle, die nicht im Unbewussten abgespeichert werden können, weil entweder kein Unbewusstes zur Verfügung steht (wie z. B. in der Schizophrenie) oder weil sie so schmerzhaft sind, dass sie nicht speicherungsfähig sind – wir könnten auch sagen: Sie können nicht verarbeitet werden.

Extreme Angst, unaussprechliche Wut, unsagbare Verzweiflung, unerträgliches Verlangen z.B. können abgespalten und ausgelagert werden – in eine andere

Projektive Identifikation: So wie hier die Krankheitssymptome können auch Gefühle abgespalten und in eine andere Person transplantiert werden.

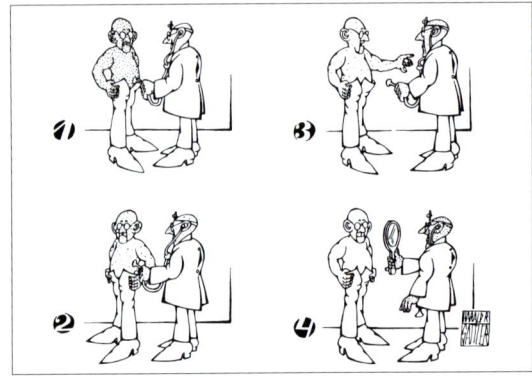

Person. Dann müssen diese Gefühle nicht mehr gefühlt werden. Sie werden transplantiert und dem anderen implantiert.

Stress lass nach!

Die Orgel intoniert den Hochzeitsmarsch. Das Paar schreitet zum Altar. Die Braut strahlt. Der Bräutigam fällt um. Tatsächlich ist für viele Menschen die Hochzeit mit Stress verbunden, sei es belastender (Dy-) Stress oder belebender (Eu-)Stress. Das jedenfalls fanden die beiden amerikanischen Stressforscher T. H. Holmes und R. H. Rahe bestätigt, als sie untersuchten, wie Menschen größere Veränderungen in ihrem Leben erleben. Sie befragten etliche tausend Menschen und lasen ebenso viele medizinische Berichte, um genauer sagen zu können, was Stress verursacht. Schon ihre erste Entdeckung war erstaunlich: Die meisten Menschen kommen unter Stress, wenn sie heiraten. So gaben die Wissenschaftler »Heirat« den willkürlichen Wert von »50«. Dann baten sie 400 Männer und Frauen verschiedenen Alters, unterschiedlicher Herkunft – Verheiratete, Geschiedene, Singles und Verwitwete – »Heirat« mit anderen Lebensereignissen (»live events«) zu vergleichen: »Ist es leichter oder schwieriger, mit einer Krankheit fertig zu werden als mit einer Heirat?« »Dauert es kürzer oder länger, damit zurechtzukommen im Vergleich zur Heirat?« Um das Ergebnis computerfreundlich zu machen, baten sie die Befragten, ihre Einschätzung in Punkten auszudrücken. Dann fütterten sie den Computer mit den Zahlen, und herauskam die »Holmes and Rahe Social Readjustment Rating Scale«.

Die Stress-Tabelle

Ereignis	Stress-Punkte
Tod des Ehepartners	100
Scheidung	73
Gefängnisstrafe	63
Tod eines nahen Familienangehörigen	63
Unfall, Verletzung oder Krankheit	53
Heirat	50
Entlassung	47
Versöhnung der Ehepartner	45
Pensionierung	45
Schwangerschaft	40
Sexuelle Schwierigkeiten	39
Familienzuwachs	39
Berufliche Veränderung	39
Finanzielle Veränderung	38
Tod eines guten Freundes	37
Berufswechsel	36
Höhere Schulden	31
Kündigung einer Hypothek oder eines Darlehens	30
Kinder verlassen das Elternhaus	29
Ärger mit der Verwandtschaft	29
ungewöhnlicher persönlicher Erfolg	28
Schulbeginn oder -abschluss	26
Änderung des Lebensstandards	25
Änderung persönlicher Angewohnheiten	24
Ärger mit dem Chef	23
Änderung von Arbeitszeit und -bedingungen	20
Wohnungswechsel	20
Schulwechsel	20
Änderung der Freizeitgestaltung	19
Änderung in gesellschaftlichen Aktivitäten	18
Änderung der Schlafgewohnheiten	16
Änderung der Essgewohnheiten	15
Urlaub	13
Weihnachten	12
Geringfügige Gesetzesübertretungen	11

Stress macht krank, aber wann?

Stress verbinden wir schnell mit Überforderung. Aber auch Unterforderung kann zu Stress führen. Wir wissen z. B., wie »tödlich« Langeweile sein kann. Auf der anderen Seite kann ständige Anforderung und Anspan-

Stress ist allgegenwärtig in unserem Leben, nicht nur am Arbeitsplatz.

nung zu gesundheitlichen Schäden führen. Wenn der Stress sich innerhalb eines Jahres auf Werte zwischen 200 und 300 anhäufte, wurden die Stress-Opfer mit mehr als 50-prozentiger Wahrscheinlichkeit im folgenden Jahr krank. Bei über 300 Stress-Punkten wurden 79 von 100 Menschen ernsthaft krank oder starben.

4500 verwitwete Engländer wurden über ein halbes Jahr nach dem Tod ihrer Frau beobachtet. Neben auffällig hohen Krankheits- und Depressionsraten war auch die Sterblichkeit der Männer 40 % höher als normal.

Stress zeitigt psychische und physiologische Reaktionen:

Zu den *psychischen* gehören Angst, Ärger und Aggression, Apathie und Depression, Nachlassen der kognitiven Fähigkeiten – Denken, Urteilen, Erinnern etc.

Wenn Menschen sich gestresst fühlen, sind sie anfälliger für Krankheiten. Die Kurve zeigt den Zusammenhang zwischen Stress und Erkältung.

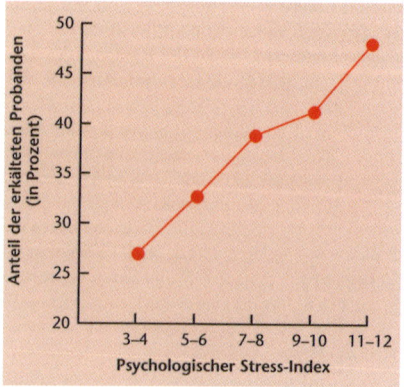

Zu den *physiologischen* gehören erhöhter Stoffwechsel, erhöhte Herzfrequenz, geweitete Pupillen, Anstieg des Blutdrucks, erhöhte Atemfrequenz, Muskelanspannung, Ausschüttung von Endorphinen und Hormonen, Ausschüttung von zusätzlichem Zucker aus der Leber.

Physiologische und psychologische Reaktionen zusammen

können nachweislich die Gesundheit belasten und zu Krankheiten führen wie koronaren Herzerkrankungen, Schwächung des Immunsystems, was eine Reihe von Krankheiten nach sich ziehen kann – von Infektionen wie Erkältung über Allergien bis hin zu Krebs und Autoimmunerkrankungen wie Rheuma oder Diabetes.

Wer wird stress-krank? Die Stress-Persönlichkeit

In den 50er Jahren fiel Ärzten auf, dass Patienten mit koronaren Herzerkrankungen oft ähnliche Verhaltensweisen haben: Sie sind äußerst ehrgeizig und erfolgsorientiert; sie haben es immer eilig, können schlecht entspannen und werden schnell ungeduldig und ärgerlich, wenn wie warten müssen oder es mit Leuten zu tun haben, die sie für unfähig halten.

Weitere typische Verhaltensweisen für stressanfällige Menschen sind:

- Zwei Dinge gleichzeitig tun oder denken
- Sich immer mehr Aktivitäten für immer weniger Zeit vornehmen.
- Sich nicht für die Umwelt und die schönen Dinge des Lebens interessieren.
- Andere beim Reden antreiben.
- Übermäßig gereizt sein, wenn man warten muss
- Die Überzeugung pflegen, dass man etwas, das gelingen soll, selbst in die Hand nehmen muss.
- Explosives Sprechverhalten und häufige Verwendung obszöner Ausdrücke.
- Einen Kult daraus machen, immer pünktlich zu sein.
- Nicht stillsitzen können und nicht nichts tun können.
- Jedes Spiel gewinnen müssen, selbst mit den Kindern.
- Den eigenen Erfolg ständig mit dem Erfolg anderer in Zahlen messen
- Ungeduldig werden, wenn man andere bei etwas beobachtet, von dem man denkt, man könne es selbst besser oder schneller.
- Häufiges Blinzeln und tickartiges Hochziehen der Augenbrauen

Eustress oder Dystress?

Wie das Ereignis »Hochzeit« zeigt, kann Stress belebend und belastend sein. Die »Stress-Rosette« nennt fünf Gruppen von Faktoren, die darüber entscheiden, ob Stress belebend oder belastend wirkt:

Wenn alle fünf Faktoren positiv sind, ist der Stress angenehm und belebend – er heißt dann »Eustress«, der gute Stress. Im negativen Fall wird er zum Alptraum – »Dystress«.

Eine besondere Form von Stress ist das so genannte Burnout-Syndrom: Ausgebrannt sein. Burnout entsteht durch chronischen Stress über viele Jahre oder Jahrzehnte hinweg. (Siehe dazu auch S. 50.)

Seelische Erkrankungen

Wenn die Konflikte in unserem Innenleben zu stark sind, können Erkrankungen entstehen, die psychotherapeutisch und/oder psychiatrisch behandelt werden können und/oder müssen. Sie werden nach verschiedenen Klassifikationen eingeteilt, entweder nach einer rein deskriptiven Aufzählung, wie DSM (Diagnostic and Statistical Manual of Mental Disorders) oder ICD (International Classification of Diseases), oder nach psychodynamischen Gesichtspunkten, d. h. nach Aspekten, die den »Symptomen« zugrunde liegen. Eine solche Klassifikation wäre, grob skizziert, folgende:

- Neurosen
- Psychosen
- Persönlichkeitsstörungen

Bevor wir die Art der Erkrankungen näher betrachten, ist es nützlich zu fragen, was seelische Gesundheit ausmacht. Freud meinte: »Lieben und Arbeiten«. Donald Winnicott meinte: »Spielen können«, Abraham Maslow fand: »Sich selbst verwirklichen«. Eine klar umrissene Definition ist schwierig. Aber es ist möglich, einige Elemente von seelischer Gesundheit zu nennen, über die sich die meisten Psychologen einig sind:

Realitätswahrnehmung: Dazu gehört die Wahrnehmung und Einschätzung der äußeren Realität, vor allem der anderen Menschen, zum Beispiel die Unterscheidung von Freund und Feind.

Selbsteinschätzung: Ebenso wichtig ist es, die innere Realität wahrnehmen zu können: ob man wütend, traurig, müde oder guter Laune ist. Das ist nicht so selbstverständlich, wie es klingt. Wer hatte nicht schon einmal das Erlebnis, dass einem gesagt wurde: »Schau doch nicht so ärgerlich«, und die Antwort war ein abweisendes Raunzen: » Wieso, ich bin doch gar nicht ärgerlich!«.

Selbstbestimmung: Die Fähigkeit, das eigene Verhalten zu steuern, besonders die (sexuellen und aggressiven) Impulse, und eine Bandbreite von möglichen Verhaltensweisen zwischen Spontaneität und Konformität zur Verfügung zu haben.

Selbstwertgefühl: Seelisch gesunde Menschen können sich und andere mit Wohlwollen und Humor anerkennen und ertragen, eigene Schwächen und Fehler ohne Selbstverdammnis eingestehen und anderen zugestehen; sie können ein Kompliment annehmen und genießen, aber auch geben; sie können Stolz empfinden, ohne arrogant sein zu müssen.

Die Fähigkeit, **emotionale Beziehungen** einzugehen, in denen ein Spielraum für Nähe und Distanz zur Verfügung steht; eigene Bedürfnisse beachten, aber auch die der anderen.

Wichtig für die seelische Gesundheit: Kreativität und Schaffenskraft. Es ist sicher kein Zufall, dass Menschen, die aus ihrer beruflichen Tätigkeit große persönliche Zufriedenheit ziehen, häufig ein hohes Alter erreichen.

149

Ob Religiosität eine Rolle spielt für die seelische Gesundheit, ist umstritten. Im Allgemeinen wirkt sie sich positiv aus.

Kreativität und Schaffenskraft: »Gesunde« entfalten gerne ihre Fähigkeiten, probieren Neues aus und sorgen dafür, dass sie mehr Freude als Verdruss haben bei dem, was sie tun.

Verantwortungsbewusstsein: Für sich selbst und andere sorgen und ein »gutes Gewissen« haben, in dem Sinne, dass (in der Sprache der Psychoanalyse ausgedrückt) das Über-Ich konsequent und freundlich ist und das Ich-Ideal mit der Realität vereinbar bleibt.

Umstritten ist, ob **Religiosität** – im weitesten Sinn die Fähigkeit zu Transzendenzerfahrung, zu Ehrfurcht vor dem Leben oder eine Beziehungsfähigkeit zu einem Du – zur seelischen Gesundheit gehört. Traditionell blieb die Frage der Religiosität für die wissenschaftliche Psychologie ausgeblendet, weil angenommen wurde, dass Wissenschaft und Religion unvereinbare Gegensätze seien. In der Folge von Freuds Religionskritik wurde Religion eher unter dem Aspekt einer neurotischen Erkrankung gesehen. Erst in den letzten Jahren werden die »gesunden« Seiten der Religiosität sowohl von Psychoanalytikern als auch von Lernpsychologen und kognitiven Psychologen untersucht – mit dem Ergebnis, dass zwar Formen kranker Religiosität festgestellt wurden, dass aber grundsätzlich Religiosität positiv mit Gesundheit korreliert.

Wenn wir nun die seelischen Erkrankungen und Störungen betrachten, werden wir sehen, dass sie Defizite in einem oder mehreren dieser acht Punkte beschreiben.

Neurotisch und psychotisch

Zwischen Neurosen und Psychosen wird eine Grund-Unterscheidung vorgenommen. Der entscheidende Punkt ist, inwieweit eine Person (noch) mit der Realität in Kontakt ist. Wenn Menschen neurotisch gestört sind – was jedem hin und wieder passieren kann –, tun sie sich schwer, mit der Realität (der äußeren und inneren) zurechtzukommen. Sie leiden unter den Anforderungen der äußeren Realität und den Triebregungen der inneren Realität. Das dominante Gefühl ist die

Angst, und deshalb sind die Abwehrmechanismen sehr ausgeprägt, manchmal so sehr, dass sie das Leben eher erschweren als erleichtern.

Menschen, die psychotisch gestört sind, tun sich schwer, die Realität überhaupt wahrzunehmen. Sie können oft Phantasie und Wirklichkeit nicht unterscheiden. Wenn sich Phantasie und Wirklichkeit vermischen, entstehen Wahnvorstellungen oder Halluzinationen. Oft ist der Inhalt der Wahnvorstellung von Grandiosität geprägt (»Ich bin Jesus Christus«), manchmal besteht auch ein Verfolgungswahn (»man versucht mich zu vergiften«); auch die Vorstellung, von außen kontrolliert zu werden, ist häufig (»Der Nachrichtensprecher gibt mir Befehle von Außerirdischen«); Depersonalisation (»ich bin nicht ich, ich bin tot«) ist eine weitere Ausprägung. Psychotisch Erkrankte sind extremen Stimmungsschwankungen unterworfen und leiden oft auch an Sprach- und Gedächtnisproblemen.

Halluzinationen sind Irrwahrnehmungen, Träume ohne Traum. Der Betroffene hört Stimmen, sieht Gesichte, hat Visionen oder riecht seltsame Gerüche und schmeckt abstruse Substanzen. Oft verstärken die Halluzinationen die Wahnvorstellungen. »Ich höre dauernd Stimmen, die mich obszön beschimpfen und rieche Giftgas – kein Wunder, sie sind hinter mir her!«

Persönlichkeits- und Charakterstörungen

Sie sind meistens schon früh latent vorhanden und treten unter Belastungen verstärkt auf. Dazu gehören krankhafte Abhängigkeit von Personen (»Hörigkeit«) und Substanzen (Alkohol- und Drogensucht), kriminelles Verhalten, sexuelle Perversionen (was auch Ansichts- oder Modesache ist) sowie Störungen im Selbstwerterleben (extreme Minderwertigkeitsängste) oder Borderline-Störungen: relativ normales Verhalten bei plötzlichen Stimmungsschwankungen, Beziehungsabbrüchen, destruktiven Ausbrüchen.

Neurosen

Die Grundlage aller neurotischen Störungen ist die Angst. Diese Angst wird durch die Abwehrmechanismen abgewehrt, so dass sie auch in anderen Formen und Gestalten auftreten kann. Verhaltenspsychologen konzentrieren sich auf Verhaltensweisen, die zwar die Angst lindern mögen, aber zu mehr Problemen führen, als sie lösen. So mag zwanghaftes Händewaschen die Angst lindern, aber es behindert die Person im Umgang mit anderen und in der Arbeit. Psychodynamisch orientierte Psychologen sehen in neurotischem Verhalten eine Kompromissbildung zwischen (meist sexuellen und aggressiven) Es-Impulsen und Verboten aus dem Ich und Über-Ich. Zwanghaftes Händewaschen könnte dann verstanden werden als Kompromiss zwischen unbewussten unreinen Wünschen und Handlungen und deren Verbot, so dass die Schuld – symbolisch – wieder abgewaschen wird. Im Folgenden sind die häufigsten neurotischen Störungen kurz genannt:

Ängste sind den meisten Menschen durchaus vertraut. Erst wenn sie das gesamte Leben dominieren, spricht man von einer Angststörung.

Angststörung

In dieser Störung ist die Angst offensichtlich. Sie ist meist unspezifisch, d. h. der Betroffene hat einfach

Angst und weiß nicht wovor. Manchmal bindet sich die Angst an konkretere Befürchtungen – wie Zukunftsangst, Verarmungsangst, Angst vor Krebs, Angst vor Entscheidungen. Eine durchaus häufig anzutreffende Angst ist die Angst vor der Angst. Solche Ängste dürften den meisten Menschen durchaus vertraut sein. Erst, wenn sie das private, familiäre und berufliche Leben dominieren, werden sie zu Angststörungen. Die folgende Tabelle zeigt, dass die Symptome der Angststörung bei jedem vorkommen können, es ist die Häufigkeit und Heftigkeit, die sie zur Störung macht. Die Tabelle zeigt den Prozentsatz von angstneu-rotischen Patienten und von Nicht-Patienten (Kontroll-gruppe), die von den Symptomen berichteten.

Symptome	Patienten	Nicht-Patienten
Herzklopfen	97	9
Müdigkeit	95	19
Kurzatmigkeit	90	13
Nervosität	88	27
Brustschmerzen	85	10
Seufzen	79	16
Schwindel	78	16
Ohnmacht	70	12
Angespanntheit	61	3
Kopfschmerzen	58	26

Zwangsstörungen

Wer unter einer Zwangsneurose leidet, ist geplagt von Zwangsgedanken, die er nicht denken will, die sich ihm aber ständig aufdrängen, und/oder von Zwangs-handlungen, die er nicht tun will, aber tun »muss«, weil er sonst zu viel Angst bekäme. Auch hier gilt wie-der: jeder kennt Zwangsgedanken (»hab' ich das Licht ausgemacht?«), die ihn in den Urlaub begleiten, oder Zwanghandlungen, kleine Rituale, die das Glück be-schwören (»toi toi toi« und dreimal auf Holz klopfen). Aber sie stören das alltägliche Leben nicht.

Oft haben Zwangsgedanken aggressive oder sexuelle Inhalte. Ein junger Mann mag von der Vorstellung be-sessen sein, sein Geschlechtsteil öffentlich zu zeigen oder während der Messe Obszönitäten zu rufen. Eine Mutter mag fürchten, sie wird verrückt, weil sie das Bild im Kopf nicht loswerden kann, wie sie ihr Baby in der Badewanne ertränkt. Diese Gedanken werden nie in Handlungen umgesetzt, aber die Angst davor kann alarmierend sein.

Zwangshandlungen reichen von belanglosen aber-gläubischen Ritualen – mit dem rechten Bein aufste-hen oder den Schreibtisch in die richtige Ordnung bringen, bevor man anfängt zu arbeiten – bis hin zu stundenlangen Zwangsritualen, wie das dreifache Überprüfen aller Türen, ob sie geschlossen sind, das mehrfache Duschen, um alle gefährlichen Bakterien loszuwerden, oder dem Zwang, alle Nahrungsmittel abkochen zu müssen.

Zwangsgedanken und -handlungen können als Versuche verstanden werden, ins Bewusstsein einbrechende Impulse kontrollieren zu wollen.

Phobien

Im Gegensatz zur Angststörung ist die Angst bei den Phobien an ein konkretes Objekt gebunden. Dabei ist die Angst unverhältnismäßig groß angesichts der realen Gefahr. Eine Spinne ist – zumindest in unseren Breiten – ungefährlich, und doch kann sie bei einem Menschen, der unter eine Spinnenphobie leidet, Herzrasen und Schweißausbrüche auslösen. Die meisten Menschen haben Angst vor irgendetwas. Die sieben meistgenannten Angstmacher sind: Schlangen, Höhe, Gewitter, Ärzte, Krankheit, Unfall und Tod.

Eine Spinne – vor allem für Frauen ein klassisches Angstobjekt.

Interessant auch, dass die sich Ängste mit dem Alter ändern, und die gute Nachricht: im Allgemeinen nehmen sie ab.

Phobien sind begrenzt auf Objekte und Situationen, und diese Objekte und Situationen können vermieden werden. Manche Phobien beeinträchtigen jedoch das Leben erheblich: Formen von Agoraphobie, bei denen die Betroffenen das Haus nicht mehr verlassen können, oder Klaustrophobie, die jemand daran hindert, in einem geschlossenen Raum zu sein.

Konversionsstörungen: wenn der Körper denkt

Bei diesen Störungen werden psychische Konflikte durch den Körper ausgedrückt. Man spricht neuerdings auch von somatoformen Störungen. Es sind körperliche Beschwerden, bei denen aber »kein Befund« vom Arzt festgestellt werden kann. Hier sind einige Beispiele von Konversionsneurosen: Ohnmachtsanfälle, Sehstörungen, Lähmungen, Schreibkrampf, Schluckstörung, stellenweise Gefühllosigkeit (»eingeschlafener

Fuß«), psychogenes Erbrechen, Scheinschwangerschaft, Bauchschmerzen, Gliederschmerzen.

Man nimmt an, dass der Körper auf diese Weise »symbolisch« einen verbotenen Wunsch ausdrückt. So kann der Wunsch, etwas Verbotenes (subjektiv als verboten Erlebtes) zu berühren, eine konversionsneurotische Handlähmung hervorrufen; der Wunsch, aus einer Beziehung zu fliehen, kann als bedrohlich erlebt werden und eine Gehstörung bewirken; die Konversion enttäuschter Liebeswünsche kann Herzschmerzen hervorrufen; die Idee eines oralen Sexualaktes kann als verboten erlebt werden und zu einer psychogenen Schluckstörung oder zu psychogenem Erbrechen führen.

Neurotische oder reaktive Depression

Depression ist zu einer Volkskrankheit geworden. Von neurotischer Depression spricht man, wenn die Erkrankung eine Reaktion auf einen Verlust ist. Die Symptome sind vielfältig: Hoffnungslosigkeit und Niedergeschlagenheit, Interesselosigkeit, überwältigende Müdigkeit, Antriebslosigkeit, ein Gefühl von dauernder Überforderung und Unfähigkeit, Minderwertigkeit und Wertlosigkeit, Leere. Oft wird Trauer mit Depression verwechselt. Trauer jedoch ist ein gesunder Prozess, Verluste zu bewältigen. Der Unterschied zwischen gesunder Trauer und neurotischer Depression besteht einmal in der Dauer, wobei umstritten ist, wie lange »gesunde« Trauer dauern darf: Früher war ein Jahr – das »Trauerjahr« – die offiziell anerkannte gesunde Trauerzeit, und was darüber hinaus war, wurde als bedenklich betrachtet. Heute wird eine angemessene Trauerzeit als wesentlich kürzer angenommen, oft zu Unrecht. Es kann zwei, drei oder vier Jahre dauern,

Depressive Erkrankungen folgen bisweilen einem Muster: Die Depression ersetzt die Trauer oder schützt vor Trauer. Oft ist auch »kein Grund« für Trauer zu sehen. Aber es geht nicht nur um Verluste von Menschen durch Tod oder Trennung. Alles, woran man »hängt«, kann verloren gehen und betrauert werden: Die Gesundheit, die Jugend, die Schönheit, die Beweglichkeit, die Zähne, die Potenz, das Geld, die Heimat, die eigenen vier Wände (wenn's ins Altersheim geht), das Haustier, der Traum vom Erfolg, die Illusion, man würde mit dem Alter weise werden …

bis ein schwerer Verlust überwunden ist. Wird der Trauerprozess behindert oder abgebrochen – »das Leben geht weiter« –, kann sich daraus eine Depression entwickeln. Der Unterschied zwischen Trauer und Depression besteht auch in der Erlebnisqualität: Während bei gesunder Trauer heftige Gefühle von Traurigkeit, Einsamkeit, Zorn, Wut, Triumph, Schuld, Verlangen erlebt werden können, ist die Depression oft gekennzeichnet von einem Nicht-Gefühl: Der Betroffene kann nichts fühlen, weder Trauer noch Freude, er kann weder weinen noch lachen, er ist in einem Loch und spürt nichts außer quälender Leere. Wenn Gefühle der Trauer zu schmerzhaft – oder »verboten« – sind, schützt die depressive Leere davor – vorübergehend. Wenn die Depression wieder zurückgeht, kann Trauer einsetzen und der Verlust verarbeitet werden. In gewisser Weise schützt Depression vor dem Schmerz der Trauer.

Psychosen: Depression und Schizophrenie

Man nennt diese Krankheitsbilder auch affektive Störungen. Das heißt, die Affekte, die Stimmungen, sind gestört und »schlagen« in Extreme aus. In aller Regel handelt es sich dabei um depressive und manische Zustände, die sich abwechseln können – wir sprechen dann von »bipolarer Depression«. Im Gegensatz zur neurotischen Depression hat man diese weit schwerere Form der depressiven Erkrankung als »endogene Depression« bezeichnet und angenommen, dass dabei im Wesentlichen biologische und biochemische Prozesse eine wichtige Rolle spielen.

In den manischen Zuständen sind die Patienten über lange Zeiträume hinweg aktiv, teils auch kreativ, aufgedreht, unermüdlich, finden keine Ruhe, können sich auch nicht ruhig halten und können in abgehobenen, realitätsfernen Größenphantasien schwelgen.

In den deprimierten Phasen ist genau das Gegenteil der Fall. Sie bewegen sich wenig und langsam, können nicht klar denken, leiden unter Minderwertigkeitsgefühlen, Kontaktverlust, essen nichts und sind geplagt

Kontaktverlust und Minderwertigkeitsgefühle sind typische Anzeichen, die mit einer Depression einhergehen.

von Schuldgefühlen und Gefühlen von Wertlosigkeit. Selbstmordgedanken sind häufig.

Bei der bipolaren Depression wechseln sich beide Zustände zyklisch ab, mit durchaus »normalen« Zeiten dazwischen.

Der zweite große Bereich der affektiven Störungen sind die schizophrenen Erkrankungen. »Schizophrenie« ist ein Sammelbegriff für Störungen, die folgende Charakteristika gemeinsam haben: Verzerrte Realitätswahrnehmung, Rückzug von sozialen Kontakten, eine Desorganisation im Denken, Wahrnehmen und Fühlen in der Form von Wahnvorstellungen und Halluzinationen. Das Fühlen ist »flach«, unterbrochen von gelegentlichen Gefühlsausbrüchen. Damit verbunden sind depressive Verstimmungen, Angstzustände, Panikattacken bei Kontaktangeboten, Entfremdungserlebnisse – der Betreffende erlebt sich fremd, neben sich stehend, er ist »fremd« in seiner Umgebung, die ihm kalt und farblos vorkommt. Es können sich Verfolgungsängste (»Verfolgungswahn« oder »paranoide Schizophrenie«) einstellen und oft auch die Angst, verrückt zu werden. Der Schizophrene ist beständig auf der Flucht, um sein Selbst zu schützen.

Persönlichkeitsstörungen

Persönlichkeitsstörungen werden auch Charakterneurosen genannt und sind Auffälligkeiten in der Grundhaltung zur eigenen Person, in zwischenmenschlichen Beziehungen, gegenüber dem Leben und der Welt, die

subjektiv als Beeinträchtigung erlebt werden und zu Problemen bei der Lebensbewältigung und in sozialen Beziehungen führen.

Der Begriff Charakterneurosen bezieht sich auf eher »leichtere« Störungen und wird verwendet für Menschen, die durch unangepasstes Wesen immer wieder mit sich selbst und anderen in Schwierigkeiten geraten. Persönlichkeitsstörungen beziehen sich meist auf schwerere Pathologien, die ein geschädigtes Ich oder Selbst aufweisen.

Eine immer häufiger auftretende Störung ist die narzisstische Persönlichkeitsstörung. Der Begriff des Narzissmus bezieht sich auf die griechische Sage des Jünglings Narziss, der sich in sein eigenes Spiegelbild verliebte. Das Pendant dazu ist die Objektliebe. Die Selbstpsychologie hat herausgearbeitet, wie wichtig neben der Objektliebe die Selbstliebe ist – auch im erwachsenen Leben. Im psychopathologischen Sinn bezeichnet »Narzissmus« Störungen der Selbstliebe und des Selbstgefühls. Dabei kann es zu narzisstischen Krisen kommen, die im Suizid enden. In der Tat kann man den Suizid als narzisstische Krise sehen: Das Selbst zerstört sich selbst. Mildere Formen der Selbstschädigung sind Formen der Selbstentwertung – »sich runtermachen«.

Das Selbstwertgefühl ist entweder unrealistisch grandios oder unrealistisch schlecht und kann sehr schnell kippen: Bei Erfolg ist man der Größte, bei Misserfolg der absolute Versager, für immer. Um das zerbrechliche Selbstwertgefühl aufzupolstern, ist oft das Streben nach Erfolg, Ansehen und Einzigartigkeit sehr ausgeprägt und entsprechend die Empfindlichkeit sehr groß. Dies hilft verstehen, warum manche Menschen in hoher Position mit Macht und Ansehen ausrasten können, wenn sie nicht gebührend gewürdigt – betitelt, begrüßt, erwähnt, fotografiert – werden. Wenn der Erfolg und das Ansehen auf einem defizienten Selbst beruhen und nur Stützungs- und Kompensationsfunktion haben, entsteht bei der geringsten Selbstwertnachschubunterbrechung panische Angst – was sich im »Ausrasten« äußert. Erfolg und Status können Ausdruck eines gesunden Selbst sein – oder Ersatz dafür. Was von beiden zutrifft, wird man an den Reaktionen auf »Kränkungen« (Empfindlichkeit) ablesen können. Die Beziehungen der narzisstisch gestörten Persönlichkeit sind dadurch geprägt, dass andere Menschen vor allem die Funktion haben, das eigene Selbstwertgefühl durch Bewunderung und Verfügbarkeit aufzufüllen, statt dass ein lebendiges, warmes Interesse an ihnen besteht.

Borderline-Persönlichkeitsstörung

Das Hauptmerkmal der Borderline-Persönlichkeitsstörung ist die Instabilität im Erleben, Verhalten und in den zwischenmenschlichen Beziehungen. Weil das Ich schwach entwickelt ist, wirken Menschen, die an dieser Störung leiden, unstet, unbeständig, impulsiv und manchmal einfach chaotisch. Sie sind himmelhoch jauchzend und zu Tode betrübt, schwanken zwischen bizarren Größenideen und massiver Selbstentwertung. Sie terrorisieren ihre Umgebung oft mit Wutausbrüchen.

Die Beziehung zu anderen Menschen ist eher oberflächlich und emotional distanziert. Menschen werden eher benutzt und nach Gebrauch entsorgt. Bindungsschwäche geht einher mit chronischer Sehnsucht nach menschlicher Nähe. Manchmal wird die Oberflächlichkeit der emotionalen Beziehungen durch deren Sexualisierung ausgeglichen.

Zum klinischen Symptombild gehören Kontaktabbrüche, Wutausbrüche gegen sich und andere, panische Angst, »Leere«, Derealisation und Depersonalisation, Krankheitsängste oder Zwangsgedanken. Anders als bei psychotisch erkrankten Menschen (Schizophrenie) bleibt aber die Fähigkeit zur Realitätsprüfung weitgehend erhalten.

Die Zahl der vorhandenen Psychotherapiemethoden ist unüberschaubar. Von den Krankenkassen in Deutschland sind zwei Gruppen von Behandlungsverfahren erstattungsfähig:

Einerseits Therapien, die sich von der Psychoanalyse herleiten, dies sind »analytische Psychotherapie« und »tiefenpsychologisch fundierte Psychotherapie«. Analytische Psychotherapie ist bis zu 300 Stunden erstattungsfähig, bei 2 bis 3 Behandlungsstunden pro Woche. Tiefenpsychologisch fundierte Psychotherapie wird bis zu 100 Stunden erstattet, wobei man in der Regel von einer Behandlungsstunde pro Woche ausgeht.

Die zweite Gruppe von Behandlungsverfahren ist zusammengefasst in der Verhaltenstherapie, die bis zu 100 Stunden erstattet werden kann.

Analytische Psychotherapie geht von der Voraussetzung der Psychoanalyse aus, dass Krankheitssymptome Ausdruck eines inneren Konfliktes sind. Die Konfliktmuster haben sich in den frühen Beziehungserfahrungen gebildet und bilden sich in der Beziehung zwischen Patient und Therapeut in der »Übertragung« ab – sie werden unbewusst wiederholt. Die Behandlung ist durch folgende »Standards« geprägt:

- 3 (plus/minus 1) Behandlungsstunden pro Woche
- der Patient liegt auf der Couch, der Analytiker sitzt hinter dem Kopfende der Couch.
- Es gilt die Grundregel der freien Assoziation: der Patient sagt, was ihm einfällt; dem entspricht beim Analytiker die Regel der »gleichschwebenden Aufmerksamkeit«
- Abstinenzhaltung des Analytikers: Er enthält sich jeder Handlung und Bewertung.
- Stattdessen benützt er die »Deutung« oder »Interpretation« als Mittel, Einsicht in die Art der Be-

Eine so genannte Krippe, wie sie Ende des 19. Jahrhunderts für die Ruhigstellung psychisch Kranker verwendet wurde.

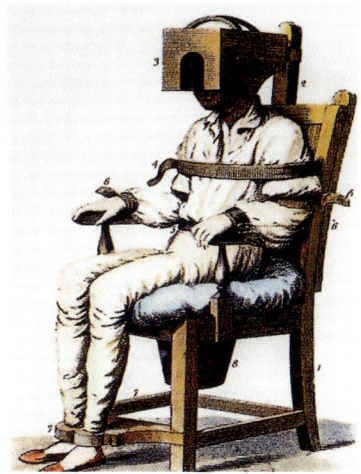

Mit Hilfe dieses Spezialstuhls sollten Patienten beruhigt werden.

ziehung, die sich zwischen dem analytischen Paar wiederholt (Übertragung), zu fördern.
- Zentral ist die Übertragungs- und Widerstandsanalyse (Widerstand des Patienten gegen das Bewusstwerden) zur Klärung und Durcharbeitung der krankheitsbedingenden Beziehungsmuster.

Als **tiefenpsychologisch fundiert** oder **psychodynamisch** werden Behandlungsverfahren bezeichnet, welche die Persönlichkeits- und Krankheitstheorie der Psychoanalyse zugrunde legen, in der Technik jedoch sehr weitgehend von der psychoanalytischen Methode abweichen können oder eigene Methoden entwickelt haben. Dazu gehören folgende Variationen :
- Tiefenpsychologische Einzeltherapie
- Dynamische Psychotherapie
- Interaktionelle Psychotherapie
- Expressive Psychotherapie
- Stützende tiefenpsychologische Psychotherapie
- Tiefenpsychologische Gruppenpsychotherapie
- Tiefenpsychologische Paar- bzw. Familientherapie

Spezielle tiefenpsychologische Verfahren:
- Konzentrative Bewegungstherapie
- Katathymes Bilderleben
- Bewegungstherapie
- Gestaltungs- bzw. Maltherapie
- Musiktherapie

Die **Verhaltenstherapie** umfasst eine Gruppe von experimentell und lerntheoretisch fundierten psychologischen Therapieverfahren. Sie zieht die Entdeckungen, welche die Experimentalpsychologen und Lerntheoretiker beim Studium normalen Verhaltens gemacht haben, zum

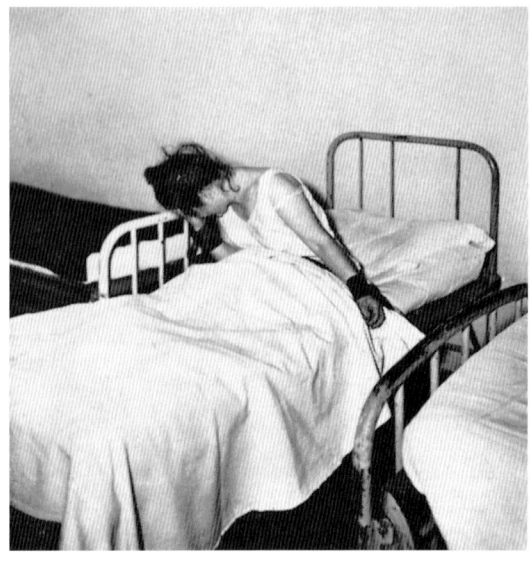

Bis weit ins 20. Jahrhundert hinein wurden die Patienten in den Einrichtungen für psychisch Kranke in erster Linie ruhig gestellt.

Studium und zur Veränderung abweichenden, abnormen Verhaltens heran. Unter Verhalten werden dabei nicht nur äußerlich beobachtbare Verhaltensweisen, sondern auch kognitive, emotionale und physiologische Prozesse verstanden, soweit sie der inneren Wahrnehmung oder der objektiven Messung zugänglich sind. Dazu gehören:

Systematische Desensibilisierung: Angst ist zum Beispiel nicht vereinbar mit Entspannung: Wenn der Körper völlig entspannt ist, ist es nicht möglich, Angst zu haben. Es wird deshalb trainiert, bei angstauslösenden Reizen sich zu entspannen.

Reizüberflutung (Flooding) und **Implosionstherapie:** Sie beruht auf dem Prinzip, dass man sich bei einem Zuviel von Gefühl (Angst,

Scham) nicht mehr fürchtet. Goethe zum Beispiel »heilte« seine Höhenangst dadurch, dass er so oft das Straßburger Münster bestieg, bis er sich daran gewöhnt hatte.

Verstärkung: Gewünschte Verhaltensweisen – z. B. regelmäßiges Essen bei Ess-Störungen – werden durch »Belohnung« verstärkt: – die Patienten bekommen mehr Annehmlichkeiten oder Freiheiten, wenn sie ein bestimmtes Gewicht erreicht haben.

Biofeedback: Der Patient lernt durch Signale, die ihm von seinem Körper über Geräte gegeben werden, Körperreaktionen – z. B. Entspannung – selbst zu fördern.

Methoden des Modelllernens – durch Beobachtung des Behandlers oder Trainers. Ein Beispiel ist das Training von Selbstsicherheit.

Methoden der kognitiven Umstrukturierung: Wahrnehmung und Denkweisen werden neu erlernt, z. B. Methoden der Problemlösung. Irrationales Denken wird identifiziert.

Methoden der Selbstkontrolle: Die bekannteste dürfte das autogene Training sein, das versucht, mit Hilfe von Autosuggestion Stress und psychosomatische Störungen zu bekämpfen.

Weitere Therapieformen

Es gibt eine Vielzahl weiterer Therapien und therapeutisch orientierte Methoden der Gesprächsführung, die in Beratung und Seelsorge aufgenommen wurden und modifiziert Anwendung fanden. Dazu gehört besonders die von Carl Rogers entwickelte klientenzentrierte Therapie, die in Deutschland unter dem allgemeinen Begriff der »Gesprächspsychotherapie« übernommen wurde; auch die Gestalt-Therapie von Fritz Perls, einem gelernten Psychoanalytiker, erfreut sich zunehmender Beliebtheit. Die Transaktionsanalyse von Eric Berne hat ebenfalls die Psychoanalyse zur Patin. In der Familientherapie hat sich unter dem Einfluss der Mailänder Schule die Systemische Ausrichtung durchgesetzt, die die Familie als interagierendes Gesamtsystem versteht.

Was wirkt?

Zu verschiedenen Krankheiten und zu unterschiedlichen Menschen passen unterschiedliche Therapien und Therapeuten. Der am sichersten nachgewiesene Wirkfaktor für alle Therapien ist die vertrauensvolle Beziehung zwischen Patient und Therapeut.

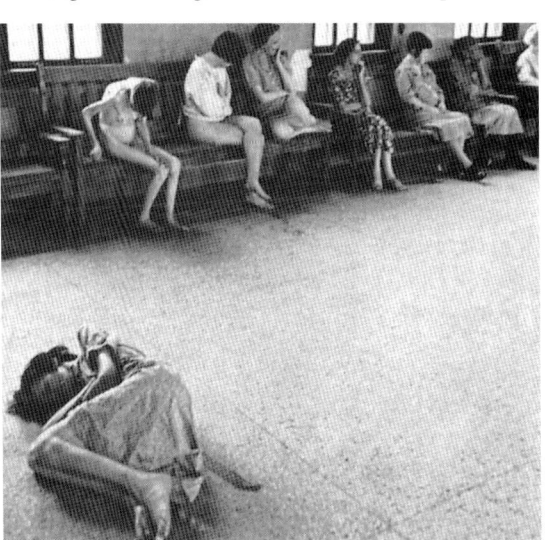

Erst nach dem Zweiten Weltkrieg setzte ein grundlegender Wandel im Umgang mit psychisch Kranken ein.

Gewalt an Schulen – ein unerschöpfliches Thema für Sozialpsychologen.

Der fundamentale Attributionsfehler

Die Eltern sind sich einig: Ihr Junge ist ein ganz liebes Kind: vernünftig, gutmütig, höflich und freundlich zu seinen Mitmenschen. Sie fallen aus allen Wolken, als sie in die Schule zur Sprechstunde (ein-)geladen werden, und sind zunächst überzeugt, dass die Klassenlehrerin von einem anderen Kind spricht: Der Junge führt sich in der Klasse auf wie die Axt im Walde, terrorisiert seine Mitschüler, nervt seine Lehrer usw. Es ist der gleiche Junge, aber in der Schule ist der gleiche Junge ganz anders.

Vielleicht ist der Junge krank – hat er etwa eine multiple Persönlichkeit? Oder ist er böse und zeigt es nur zu Hause nicht? Hat er einen hinterhältigen Charakter?

Wenn wir uns dies fragen, sind wir im Begriff, einen Fehler zu machen, der in der Sozialpsychologie fundamentaler Attributionsfehler heißt. Er bezeichnet das Phänomen, dass wir generell geneigt sind, Verhalten, das wir beobachten, mit der Persönlichkeit oder dem Charakter der beobachteten Person zu »erklären«, und die Wirkung und den Einfluss der äußeren Umstände außer Acht lassen. Das weiß auch die Lehrerin unseres braven Rabauken. Denn eines muss auch sie zugeben: Wenn sie mit ihm unter vier Augen spricht, ist er so, wie die Eltern ihn kennen. Sobald er aber die Klasse betritt, ist er wie verwandelt. Aber, sagt die Lehrerin, das ist mit vielen Kindern so.

Gruppen verändern Menschen. Zum Guten wie zum Bösen. Darum geht es in der Sozialpsychologie.

Schon Zuschauen hilft – aber wann?

Im Jahr 1898 machte der Psychologe Norman Triplett eine interessante Beobachtung, als er bei einem Fahrradrennen auf der Zuschauertribüne saß. Die Rennfahrer erzielten bessere Zeiten, wenn sie gegeneinander fuhren, als wenn sie gegen die Zeit fuhren. Triplett folgerte, dass die Anwesenheit anderer einen positiven Einfluss auf die Leistung aller haben könnte. Oder einfach: Miteinander geht's bes-

Im Team geht vieles besser, nicht nur im Sport.

ser. Das Phänomen nannte er »Coaction«. Es wurde in vielen Experimenten für Menschen und Tiere immer wieder nachgewiesen, ja sogar mit Ameisen funktioniert »Coaction«: Sie arbeiten miteinander dreimal so schnell als allein, genau wie Psychologiestudenten. Selbst ein passiver Zuschauer wirkt sich leistungssteigernd aus.

Doch auch das Gegenteil konnte festgestellt werden: Zuschauer können offenbar nicht nur leistungsfördernd, sondern durchaus auch leistungshemmend sein und stören die Konzentration, so dass sich mehr Fehler einstellen. Mitte der 60er Jahre wurden daraufhin 241 Untersuchungen über »Coaction« noch einmal überprüft, mit dem Ergebnis: Einfache Aufgaben werden besser gelöst, komplexe Aufgaben aber schlechter, wenn andere mitmachen oder zuschauen.

Deindividuation und Entmenschlichung

Etwa zur gleichen Zeit, als Triplett Rennfahrer beobachtete, studierte der Franzose Gustave LeBon die Auswirkungen von »Coaction« – also wenn mehrere oder viele Menschen etwas gemeinsam tun –, und zwar in seiner negativen Ausprägung. In seinem Buch »Die Psychologie der Massen« (1895) stellte er fest, dass die Menge immer dümmer ist als der Einzelne. Er war besonders von aggressiven und destruktiven Massen beeindruckt und verglich die Zerstörungswut mit einem

In der Gruppe verschwindet die individuelle Verantwortung. Werden die Mitglieder zusätzlich deindividualisiert, wie hier mit Kapuzen, erhöht sich die Gewaltbereitschaft.

Virus, der in eine Gruppe eindringt und alle ihre Mitglieder infiziert, indem er ihr Verantwortungsbewusstsein zerstört. Dieses Phänomen wurde in der Sozialpsychologie dann unter dem Begriff der »Deindividuation« intensiv diskutiert: die individuelle Verantwortung verschwindet in der Gruppe. Dabei sind zwei Faktoren die treibenden Kräfte: die Gruppengröße und die Anonymität der Mitglieder.

In einer berühmt-berüchtigten Studie zur Deindividuation wurden je vier Frauen aufgefordert, in einem Experiment, angeblich zum Thema Lernen, einer fünften Frau Stromstöße zu verabreichen. Die eine Hälfte der Gruppen wurde deindividualisiert, indem man die Anonymität der Teilnehmerinnen verstärkte. Sie trugen weite Labormäntel und große Kapuzen, so dass ihr Gesicht nicht zu erkennen war, und wurden immer nur als Gruppe angesprochen, nie mit ihren Eigennamen. Die andere Hälfte der Gruppen wurde individualisiert; hier trugen die Frauen ihre eigene Kleidung und dazu noch große Namensschilder und sie wurden, im Gegensatz zur anonymen Gruppe, einander persönlich vorgestellt. Während des Experiments hatte jede der Frauen einen Knopf vor sich, den sie zu drücken hatte, wenn die Versuchsperson einen Fehler machte, um einen Stromschlag zu verabreichen (was in Wirklichkeit nicht geschah). Das Ergebnis: Die deindividualisierten Teilnehmerinnen verabreichten doppelt so starke Stromstöße wie die individualisierten.

Wissenschaftler werden misstrauisch, wenn etwas eindeutig ist. So auch hier. Man fragte sich: Die verkleideten Frauen glichen Ku-Klux-Klan Mitgliedern, so dass es sein könnte, dass diese Kleidung die Aggressivität, mit der Stromstöße gegeben wurden, bewirkt haben könnte. Deshalb wiederholte man die Experimente mit mehreren Verkleidungen. Die Ergebnisse waren nicht eindeutig. Ein Befund erregte jedoch Aufsehen: Wenn die Versuchsteilnehmerinnen als Krankenschwestern gekleidet waren, gaben sie deutlich weniger Stromschläge als die, die ihre eigene Kleidung trugen. Das könnte bedeuten: Anonymisierung bewirkt nicht automatisch Deindividualisierung und damit Verringerung der Verantwortung. Es kommt auch auf die Art der Anonymisierung an und die damit zusammenhängende soziale Norm. Ein Fußball-Hooligan ist dann angesehen, wenn er brutal ist, eine Krankenschwester dann, wenn sie mitfühlend ist. Beide sind durch ihre »Uniform« deindividualisiert, aber beeinflusst von verschiedenen sozialen Normen.

... und alle haben nur zugeschaut! –
Der »bystander effect«

In der Gruppe verringert sich die Verantwortungsbereitschaft des Einzelnen. Dies wird auch durch das Phänomen des »bystander effect« bestätigt. Ein Vorfall beunruhigte 1964 die amerikanische Öffentlichkeit, die fragte: Wie konnte so etwas geschehen? – Eine junge Frau war spät nachts vor ihrer New Yorker Wohnung überfallen worden. Sie wehrte sich über eine halbe Stunde verzweifelt, aber erfolglos: sie wurde ermordet. Mindestens 38 Nachbarn hörten ihre Hilferufe, aber niemand half. Nicht einmal die Polizei rief jemand.

Ob sich Passanten verantwortlich fühlen, hängt nicht zuletzt von der Situation ab.

Warum? Man sollte meinen, wenn viele Menschen zugegen sind, ist die Chance größer, dass einer hilft. Genau das Gegenteil ist der Fall. Die Anwesenheit von anderen verhindert die Hilfe, wie mehr als 50 Untersuchungen zum »bystander effect« bestätigen. Es ist möglich, dass – im Kopf der Einzelnen – die Situation nicht als Notsituation definiert wird (»da streiten sich halt zwei Betrunkene«) und/oder dass jeder denkt: »Da wird schon einer helfen.« Es gibt das Phänomen der »pluralistischen Ignoranz«: alle tun so, als wäre es normal, wenn jemand um Hilfe ruft oder am Boden liegt, oder zumindest als wäre es keine Notsituation.

Je eindeutiger eine Situation als Notsituation ins Auge springt, desto wahrscheinlicher ist, dass geholfen wird. In Experimenten in »natürlicher Umgebung«, in diesem Fall in der New Yorker U-Bahn, wurde eine Situation gespielt, in der ein Mann zusammenbrach. Wenn er eine Gehhilfe trug, wurde ihm deutlich öfter geholfen, als wenn er nach Alkohol roch.

Die gute Nachricht: Sobald einer hilft, ist der Bann gebrochen: Dann helfen in der Regel gleich mehrere mit.

Variationen von Gehorsam

»Compliance« – die Asch-Experimente

Jede Gruppe übt Druck auf ihre Mitglieder aus, konform zu sein. Dieser Druck wird nicht durch Gewalt oder Befehl ausgeübt. Allein, dass die Gruppe »einer Meinung« ist, macht es für einen Einzelnen schwer, anderer Meinung zu sein. Und das gilt nicht nur für Meinungen, sondern genauso für Fakten, wie die Experimente von Solomon Asch (1907–1996) demonstrierten.

Einer Gruppe von sieben bis zehn Teilnehmern wurden einfache Beobachtungsaufgaben gegeben: Sie sollten z. B. eine senkrechte Linie mit drei anderen vergleichen und sagen, welche der drei anderen Linien die gleiche Länge wie die einzelne Linie hat. Die Teilnehmer wurden vorher instruiert, ab und zu offensichtlich

Gegen den Strom zu schwimmen, erfordert Mut, denn jede Gruppe übt auf ihre Mitglieder Druck aus, konform zu sein.

unrichtige Aussagen zu machen. Ein Teilnehmer, der nicht eingeweiht war, wurde dann beobachtet, wie er sich verhielt, wenn er mit der Fehlentscheidung der Mehrheit konfrontiert war.

Ergebnis: Obwohl die richtige Antwort immer offensichtlich war, schlossen sich ein Drittel der Nicht-Eingeweihten der offensichtlich falschen Mehrheitsentscheidung an. Manche dachten, sie hätten sich eben getäuscht, andere fürchteten, sie wären verrückt. Das Phänomen der Gruppenkonformität war schon ab einer Gruppengröße von drei Teilnehmern nachzuweisen.

Was bricht den Konformitätsdruck der Gruppe? Wenn wenigstens einer der Mehrheit widerspricht, selbst wenn er nicht Recht hat! Wir haben vielleicht selbst die Erfahrung gemacht: Wenn wir wagen, in einer Gruppe anderer Meinung zu sein oder etwas erzählen, und denken: ich bin der Einzige, dem es so geht, melden sich sehr häufig – erleichtert – einige andere, die sagen: Genauso geht's mir auch! Genau das habe ich auch gedacht!

Warum ist es so schwer, dem Gruppendruck zu widerstehen? Offensichtlich bedeutet es eine Kränkung, Außenseiter zu sein, und das Missfallen der Gruppe zu erregen oder sich vor der Gruppe lächerlich zu machen. Unser Selbstwert hängt auch, zu einem großen Teil, von der Zugehörigkeit zu einer Gruppe ab, die uns akzeptiert. Und Außenseiter, Abweichler und Querulanten sind nun einmal nicht beliebt ...

»Nur meine Pflicht getan«: Die Milgram Experimente

Die wahrscheinlich berühmtesten und wichtigsten Experimente in der Sozialpsychologie wurden von Stanley Milgram (1933–1984) geleitet. Die amerikanische Öffentlichkeit und die Sozialpsychologen waren nach dem Zweiten Weltkrieg und dem Holocaust von der Frage bewegt, wie Menschen dazu gebracht werden konnten, andere systematisch zu quälen und zu töten. Nach dem fundamentalen Attributionsfehler wäre – und war – zunächst die Antwort: Da waren Bestien am Werk. Nun stellte sich bei näherer Betrachtung heraus, dass nicht alle Nazi-Größen blutrünstige Monster waren, sondern viel eher biedere Bürokraten. Adolf Eichmann zum Beispiel war ein Durchschnittsbürger, so beschreibt ihn die Philosophin Hannah Arendt, der nur den Befehlen von oben gehorchte und die Ausrottung der Juden organisierte, während er selbst heimlich eine jüdische Geliebte hatte und einen jüdischen Halb-Cousin, den er während des Krieges beschützte, und im übrigen der Meinung war, dass den Juden hätte erlaubt werden sollen, in eigene Gebiete zu emigrieren. Unter gewissen Bedingungen kann der gewöhnlichste anständige Mensch zum Verbrecher werden – welche Bedingungen sind das?

Genau das versuchten die Milgram-Experimente herauszufinden. Deshalb wurden »normale« Männer und Frauen über die Zeitungen eingeladen, gegen Bezahlung an einer experimentellen Studie über Gedächtnis-

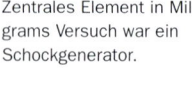
Zentrales Element in Milgrams Versuch war ein Schockgenerator.

leistungen teilzunehmen. Im Labor wurde ihnen ein anderer Mit-Teilnehmer vorgestellt (ein »Komplize« des Versuchsleiters). Es wurde ihnen mitgeteilt, dass einer in dem Experiment die Rolle des Lehrers, und der andere die Rolle des Schülers übernehmen müsse. Die Rollen wurden verlost, und es war so arrangiert, dass die echte Versuchsperson immer die Lehrerrolle zog. Der Lehrer musste eine Liste von Wortpaaren vorlesen und dann das Gedächtnis des Schülers testen, indem er ihm jeweils das erste Wort des Paares vorlas und vier mögliche Paarungswörter nannte, von dem der Lernende das richtige nennen sollte. Bei jedem Fehler sollte der Lehrer einen Hebel drücken, durch den der Schüler einen elektrischen Stromschlag erhielt.

Der »Lehrer« – die Versuchsperson – sah zu, wie der Schüler in einen Stuhl geschnallt und ihm eine Elektrode am Handgelenk befestigt wurde. Er wurde dann in einem angrenzenden Raum vor einen Schockgenerator gesetzt, an dessen Armaturenbrett 30 Schalter waren; auf jedem war die Stromstärke angegeben – von 15 bis 450 Volt, und zusätzlich waren Gruppen von Schaltern gekennzeichnet mit Aufschriften wie: »schwacher Stromstoß« bis hin zu »Gefahr: schwerer Stromschlag« – am Ende stand schlicht »XXX«. Sobald ein Schalter gedrückt wurde, leuchteten Signallampen auf, und die Nadel auf dem Voltmesser schlug aus. Um zu illustrieren, wie das praktisch ging, wurde der Versuchsperson ein Beispiel-Schock von 45 Volt verab-

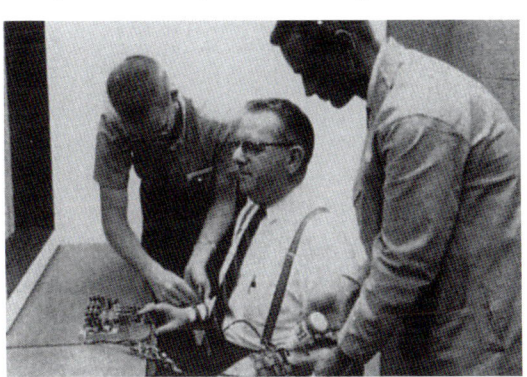

Der »Schüler« wird in seinem Stuhl festge-schnallt; an seinem Handgelek wird eine Elektrode befestigt.

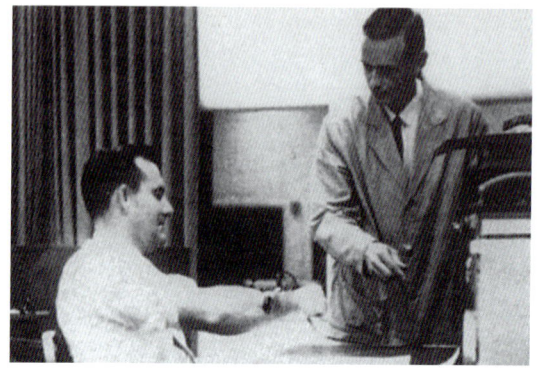

Ein »Lehrer« erhält einen
Probeschock, bevor das
Experiment beginnt

reicht. Nachdem das Experiment begonnen hatte, wurde der Versuchsperson gesagt, die Stärke des Stromstoßes bei jedem Fehler um eine Einheit (einen Schalter weiter) zu erhöhen.

Natürlich erhielt der Schüler nicht wirklich Stromschläge. Er war für seine Rolle speziell geschult worden. Je mehr Fehler er machte und umso stärkere Stromstöße er (scheinbar) erlitt, umso mehr hörte man ihn durch die Wand hindurch protestieren, und er begann zu schreien und zu fluchen. Bei 300 Volt fing er an, gegen die Wand zu treten, und bei der nächsten Stufe (gekennzeichnet mit »Extreme Intensity Shock«), hatte er aufgehört, auf Fragen zu reagieren oder irgendwelche Laute von sich zu geben. Wie zu erwarten, äußerten die Versuchspersonen Einwände gegen das Verfahren und baten den Versuchsleiter, das Experiment abzubrechen. Dieser gab ganz ruhig etliche Anweisungen, bis die Versuchspersonen weitermachten, etwa: »Bitte machen Sie weiter«. »Das Experiment erfordert, dass Sie fortfahren.« »Es ist wirklich wichtig, dass Sie weitermachen«. »Sie haben keine andere Wahl – Sie müssen weitermachen«. Die Variable »Autoritätsgehorsam« wurde durch die maximale Stärke des Stromschlages gemessen, der verabreicht wurde, bevor die Versuchsperson sich weigerte, fortzufahren.

Wenn Psychologiestudenten von diesem Experiment hören und gefragt werden, ob sie weiter Stromstöße verabreichen würden, wenn der Schüler mit den Fäus-

Er weigert sich darauf-
hin, an dem Versuch teil-
zunehmen. Damit stellt
er allerdings eine Aus-
nahme dar.

ten gegen die Wand hämmert, sagen 99 % »nein«.
Milgram selber befragte Psychiater an einer medizini-
schen Fakultät. Sie prognostizierten, dass die meisten
Teilnehmer nicht höher als 150 Volt verabreichen würden, dass nur etwa 4 % über 300 Volt gehen würden,
und dass weniger als 1 % den letzten Hebel – 450 Volt
– drücken würden.

Sie alle täuschten sich. Im Experiment gingen 65 %
der Teilnehmer die Schock-Serie bis zum Ende durch:
450 Volt, markiert mit »XXX«. Kein einziger weigerte
sich, bis die 300 Volt Stufe erreicht war – und der Lernende gegen die Wand hämmerte.

Was hilft gegen Gehorsam?

Was bedeutet dieses Ergebnis? Dass ganz »normale«
Menschen, die normalerweise kaum einer Fliege etwas
zuleide tun, mit einfachen Mitteln dazu gebracht werden können, gegen ihren Willen Anweisungen zu be-
folgen. Milgram wollte es genau wissen: welche Mittel
sind es, die Autoritätsgehorsam bewirken und verhindern? In einer Serie von weiteren Experimenten verän-
derte er jeweils die Umstände und erhielt erstaunliche
Ergebnisse über folgende Faktoren:

Aufsicht: Wenn der Leiter des Experiments anwesend war, war die Gehorsamsrate größer. Sobald er den
Raum verließ, fiel sie von 65 % auf 21 %. Die Teilnehmer gaben keine Stromschläge oder geringere als an-
gewiesen.

Nähe/Distanz: Im ursprünglichen Experiment waren Lehrer und Schüler in getrennten Räumen. Wenn sie im selben Raum waren, fiel die Gehorsamsrate von 65 % auf 40 %. Wenn die Lehrer persönlich überprüfen mussten, dass der Lernende seine Hand tatsächlich auf der Metallplatte hatte, durch die der Stromschlag verabreicht wurde, fiel die Rate auf 30 %. Wenn hingegen beide in verschiedenen Räumen waren und kein Feedback vom Lernenden kam, schnellte die Rate auf 100 % hoch! Das bedeutet: Grausamkeit steigt mit zunehmender psychologischer (und räumlicher) Distanz. Eine Besonderheit entdeckte Milgram noch: Wenn ein »Mittelsmann« eingeschaltet wurde – der Lehrer wies einen Assistenz-Lehrer an, die Schocks zu erteilen – ergab sich eine Rate von 93 %! Das heißt: »Schreibtischtäter« sind gefährlicher als »echte«.

Vorbilder: Ein Grund für die hohe Gehorsamsrate war, dass der Druck auf einen Einzelnen ausgeübt wurde. Das Experiment wurde später so angeordnet, dass mehrere Lehrer sich die Aufgaben teilten: Einer las die Wortpaare, der andere stellte fest, ob die Antwort des Schülers richtig oder falsch war, und der dritte drückte die Taste, die den Stromstoß auslöste. In dieser Versuchsanordnung weigerte sich der erste bei 150 Volt weiterzumachen, bei 210 der zweite. Nur 10 % der Lehrer, die die Schocks gaben, gingen damit bis 450 Volt! Auch wenn zwei Versuchsleiter anwesend waren, die anfingen, sich zu streiten, ob man abbrechen oder weitermachen sollte, fiel die Gehorsamsrate wesentlich.

Situative Faktoren: Die Situation fing harmlos an. Sie profitierte vom vertrauenswürdigen Ambiente der Yale University und der Autorität der Wissenschaft. (Als das Experiment außerhalb der Universität wiederholt wurde, fiel die Gehorsamsrate von 65 % auf 48 %). Selbst der erste Stromstoß war harmlos – 15 Volt, der zweite und dritte ebenso. Und: die Testpersonen hatten keine Zeit zu überlegen. Der wahre Charakter der Situation stellte sich erst nach und nach heraus – als es zu spät war, einfach aufzuhören. Wie mächtig der Druck der situativen Faktoren war, zeigte sich daran, dass viele der Versuchspersonen Zeichen von hohem Stress zeigten: nervöses Lachen, Stöhnen, auf die Lippen beißen usw.

Ein Einwand gegen die Milgram-Experimente war, dass sie für Situationen außerhalb des Labors nicht aussagekräftig seien: Unter normalen Bedingungen würden Menschen mehr Zivilcourage zeigen. Um diese Hypothese zu testen, wurde eine Untersuchung in einem »normalen« beruflichen Umfeld gemacht. Krankenschwestern erhielten von einem Arzt einen kurzen Anruf mit der Anweisung, einem Patienten ein Medikament zu spritzen. Dies bedeutete, dass mehrere Regelverstöße involviert waren: Die Dosis war klar zu hoch; Anweisungen für Medikation dürfen nicht telefonisch gegeben werden; das Medikament stand nicht als erlaubt auf der betreffenden Liste und der Arzt war nicht persönlich bekannt. 95 % der Krankenschwestern waren im Begriff, es zu verabreichen – als sie informiert wurden, dass es sich um ein Experiment handle. Von Krankenschwestern, denen die Situation beschrieben wurde, sagten 83 %, sie würden das nicht tun. Dies zeigt, wie sehr situative Faktoren unser Handeln bestimmen können – oft gegen besseres Wollen und Wissen.

Was Institutionen aus uns machen: Das Stanford Prison Experiment

Institutionen verändern Menschen. Philip Zimbardo (*1933) hat das 1972 in dem berühmt gewordenen Stanford Prison Experiment eindruckvoll nachweisen können – am eindrucksvollsten dadurch, dass das Experiment abgebrochen werden musste.

Zimbardo und seine Mitarbeiter wollten herausfinden, welche psychologischen Prozesse ablaufen, wenn »neutrale« Personen in die Rollen von Gefangenen und Gefängnisaufsehern schlüpfen. Sie richteten ein simuliertes Gefängnis im Keller der Stanford University ein und annoncierten in Zeitungen, dass sie Teilnehmer für ein psychologisches Experiment gegen Bezahlung suchten. Von den Leuten, die sich meldeten,

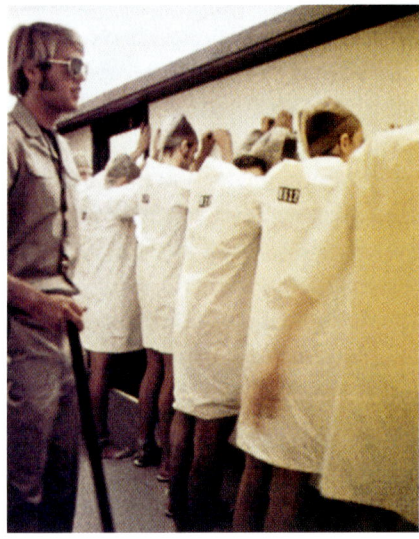

Im Stanford Prison Experiment wurden die Teilnehmer in Gefängnisinsassen und Aufseher eingeteilt.

Schon nach kurzer Zeit war den Teilnehmern nicht mehr klar, wo die Realität aufhörte und wo ihre Rolle anfing: die Dynamik der Situation ließ die gültigen Verhaltensnormen zusammenbrechen.

wählten sie 24 »reife, emotional stabile, normale, intelligente weiße Studenten aus der Mittelschicht« aus. Keiner war vorbestraft, und alle hatten ähnliche ethische Wertvorstellungen. Durch Münzwurf wurden die einen Aufseher, die anderen Gefangene.

Die »Aufseher« wurden über ihre Verantwortlichkeiten informiert und auf die Gefahren ihres Berufes und damit die Notwendigkeit, sich zu schützen, hingewiesen. Die »Gefangenen« wurden unerwartet aus ihren Wohnungen abgeholt – von einem Polizeiauto, in Handschellen gelegt, und mit verbundenen Augen ins »Gefängnis« gebracht, wo sie durchsucht und entlaust wurden, Fingerabdrücke geben mussten, Nummern bekamen und in Zellen mit zwei anderen Gefangenen gesperrt wurden.

Die Teilnehmer hatten sich vertraglich verpflichtet, gegen Bezahlung für zwei Wochen an dem Experiment teilzunehmen. Aber am Ende des sechsten Tages musste das Experiment abgebrochen werden, denn angsterregende Entwicklungen traten ein, wie Zimbardo berichtet:

»Es war den Teilnehmern nicht mehr klar, wo die Realität aufhörte und ihre Rollen anfingen. Die meisten waren wirklich Gefangene und Aufseher geworden und konnten nicht mehr unterscheiden zwischen sich selber und den Rollen, die sie spielten. Sie änderten sich in fast jeder Beziehung: im Verhalten, Denken und Empfinden. In weniger als einer Woche machte das Erlebnis, im Gefängnis zu sein, zeitweise ein lebenslanges Lernen zunichte; humane Werte wurden aufgegeben, Selbstkonzepte wurden in Frage gestellt, und die hässlichste, primitivste, krankhafteste Seite der menschlichen Natur kam zum Vorschein. Wir waren entsetzt, als wir sahen, wie etliche der Jungs (Aufseher) andere wie verachtete Tiere behandelten, sich an Grausamkeiten vergnügten, während andere (Gefangene) zu unterwürfigen, entmenschlichten Robotern wurden, die an nichts anderes mehr dachten als ans Ausbrechen, ans eigene Überleben und den wachsenden Hass auf die Aufseher.«

Das Stanford Prison Experiment zeigt die ungeheure Macht von Situationen – und von institutionalisierten Normen in einer gefängnismäßigen Umgebung. Der »Charakter«, die »Persönlichkeit« der Teilnehmer scheint völlig untergegangen zu sein. Es stand allen frei, sich miteinander zu benehmen wie sie wollten – und doch stellte sich schnell typisches Gefängnisverhalten ein. Dies zeigt die pathogene Macht der Institution Gefängnis.

Werfen wir zum Schluss einen Blick auf freundlichere Phänomene der Sozialpsychologie:

Warum wir auf wen fliegen:
Die Psychologie der Liebe

Hier geht es um Sympathie, Liebe und sexuelles Begehren. Was zieht Menschen gegenseitig an?

Schönheit

Das sollte vielleicht nicht so sein, es ist in gewisser Weise unfair, wenn die Schönen attraktiver sind als die nicht so Schönen. Und viele Umfragen haben ergeben, dass Leute sagen, Schönheit sei gar nicht so wichtig, wenn es darum geht, andere zu mögen. Soweit die guten Vorsätze.

Tatsächlich ergibt ein Blick in die Forschung ein anderes Bild. In einer Studie wurden Studenten zu einem »Computer-Tanz« eingeladen. Die Teilnehmer wurden nach dem Zufallsprinzip gepaart. In der Pause wurden anonym Fragebogen ausgefüllt – wie der Partner oder

Auch wenn sich Schönheitsideale mit der Zeit ändern – körperliche Attraktivität entscheidet zuallerst darüber, ob man jemanden sympathisch findet.

die Partnerin denn gefallen habe. Zusätzlich erhoben die Psychologen Persönlichkeitsprofile und unabhängige Attraktivitätseinschätzungen von dritten Personen. Das Ergebnis zeigt in aller Klarheit: es ist die körperliche Attraktivität, und nur diese, die zuallererst über das »liking«, das »Mögen«, des Partners oder der Partnerin entscheidet. Intelligenz, Sozialverhalten oder Persönlichkeit hatte keinen Einfluss auf die Sympathie. Weil sich alles in uns wehrt, das zu glauben, wurde das Experiment vielfach repliziert – und es kam noch schlimmer: körperliche Attraktivität ist nicht nur beim ersten Blick der Renner, sondern auch bei Folgetreffen, und sogar bei Ehen. Eine Hoffnung haben wir noch: das ist vielleicht nur in Amerika so. Oder spielt uns da die Psychologie einen Streich: Ist jemand schön, weil wir ihn oder sie mögen, oder mögen wir sie/ihn, weil sie/er schön ist? Schon Walther von der Vogelweide kannte das Geheimnis: »Liebe macht die Frauen schön«, dichtete er.

Wenn jemand eine schöne Freundin hat, wird er von anderen nachweislich höher bewertet als beim Gegenteil. Schönheit gilt auch als Statussymbol. Ein Trost für die weniger Schönen: Für dauerhafte Partnerschaften spielt die Schönheit eine geringere Rolle und andere Eigenschaften eine größere.

Nähe

Eine Untersuchung von 5000 Heiratsdokumenten in Philadelphia um 1930 ergab, dass ein Drittel der Partner vor der Ehe näher als fünf Häuserblocks voneinander entfernt gewohnt hatte. Die Nähe ist der stärkste prognostische Faktor für Sympathie.

Vertrautheit

Je öfter man jemanden sieht, desto lieber hat man ihn. Wenn man Versuchspersonen Fotos von Gesichtern zeigt, finden sie die Gesichter am sympathischsten, die sie am häufigsten gesehen haben. Dasselbe ist auch für echte Gesichter, nicht nur Fotos, nachgewiesen. Dies ist der »Effekt der bloßen Darbietung«. Er wurde in einer besonders cleveren Versuchsanordnung demonstriert: Die Psychologen fotografierten Studentinnen und machten davon Spiegelbilder. Beides, Bild und Spiegelbild, wurde den Studentinnen und ihren Freundinnen und Freunden vorgelegt. Die Studentinnen selbst bevorzugten die Spiegel-Bilder (mit einer Rate von 68 % zu 32 %), aber die Freundinnen und Freunde bevorzugten die fotografierten Bilder (mit einer Rate von 61 % zu 39 %) – warum wohl? Wen man am meisten sieht, hat man am liebsten – und sich selber sieht man am häufigsten im Spiegel.

Der Effekt der bloßen Darbietung wurde nicht nur im Labor, sondern auch unter natürlichen Bedingungen nachgewiesen. Mehrere Mitarbeiterinnen besuchten unterschiedlich oft eine Vorlesung in einem großen Hörsaal, ohne mit den Studenten oder dem Professor zu sprechen. Sie waren einfach – gut sichtbar – anwesend. Am Schluss des Semesters wurden sie von den Hörern der Vorlesung beurteilt – nach Skalen wie etwa sympathisch/unsympathisch, warmherzig/kalt. Die Mitarbeiterinnen des Forschungsteams wirkten umso sympathischer, je öfter sie die Vorlesung besucht hatten.

Zwischenstand für die Nicht-Attraktiven und die, deren Bewunderung nicht erwidert wird: am Ball bleiben und sich oft sehen lassen!

Ähnlichkeit

Gegensätze mögen sich anziehen, aber nur wenn genügend Gleichheit herrscht. Sozialpsychologisch belegt ist eher das Gegenteil: Gleich und gleich gesellt sich gern. Mehr als 95 % der verheirateten Paare in den USA sind von gleicher Rasse und Religion, und

Wenig überraschend: Übereinstimmungen sind eine bessere Grundlage für ein glückliches Zusammenleben als Gegensätze.

ähneln sich in Bezug auf Alter, Bildung und soziale Schicht. Sie haben bis auf wenige Punkte Unterschied den gleichen IQ, die gleiche Körpergröße und Augenfarbe. Und auch die Schönheit ist vergleichbar: Weniger Schöne gehen mit weniger Schönen zusammen.

Reziprozität: Gegenseitigkeit

Wir mögen Menschen, die uns mögen, und lehnen Menschen ab, von denen wir uns abgelehnt fühlen. Man kann annehmen, dass jene, die uns mögen, unseren Selbstwert stärken, während Ablehnung »kränkt«.

Übertragung

Das Konzept der Übertragung stammt aus der Psychoanalyse und besagt, dass Patienten wichtige Personen aus ihrem Leben auf den Therapeuten »übertragen«, und ihn dann – unbewusst – als Vater, Mutter oder Geschwister erleben. Übertragung findet aber in allen Begegnungen mehr oder weniger ausgeprägt statt. Menschen mögen Eigenschaften haben, die uns, ohne dass wir dessen gewahr werden, als »Aufhänger« für solche Übertragungen dienen. Auch äußere Merkmale können dabei eine Rolle spielen.

Was passiert, wenn wir uns verlieben?

Sympathie und Liebe sind zwei verschiedene Dinge.
Man kann jemanden sympathisch finden, aber das
heißt noch nicht, ihn zu lieben. Und manchmal lieben
wir jemand, den wir nicht sympathisch finden, sondern nervig.

Das Konzept der romantischen Liebe ist alt, aber der
Glaube, dass romantische Liebe viel mit Ehe zu tun
hat, ist relativ neu und nicht überall verbreitet. In manchen nicht-westlichen Kulturen gilt Ehe als Interessen-
gemeinschaft oder finanzielles vertragliches Arrange-
ment, das nichts mit Liebe zu tun hat. In den USA ist
die Verbindung zwischen Ehe und Liebe über die letzten 30 Jahre stärker geworden. In einer Studie wurden
Studenten gefragt, ob sie heiraten würden, wenn sie
die andere Person – trotz bester Qualitäten – nicht
liebten. 65 % der Männer sagten »Nein« und 24 % der
Frauen. 1984 wurde die Befragung wiederholt, worauf
85 % der Männer und Frauen versicherten: sie würden
nur jemanden heiraten, den sie liebten.

Warum verlieben sich Menschen? Weil es gut tut!
Diese Antwort mag wahr sein, aber sie ist den Sozialpsychologen zu einfach. Einige von ihnen meinen, die
stärkste Motivation, Liebesbeziehungen einzugehen,
liegt in der Bereicherung oder Erweiterung unseres
Selbst – »self-expansion«. Wir können sozusagen aus
den Ressourcen des/der Geliebten mit schöpfen, seien
die Ressourcen nun der Freundeskreis, Kochkünste,
Einstellungen politischer oder religiösere Art oder
ganz allgemein Popularität. All das kann unser Selbst
erweitern, bereichern.

Befragungen von amerikanischen Studenten haben
das bestätigt: Die Forscher verglichen Selbstbeschrei-
bungen der Studenten, vor und nach dem Verlieben.
Es bestätigte sich, dass die Beschreibungen nach dem
Verlieben ein reicheres, expandiertes Selbst aufweisen.
Es ist, als würde das andere Selbst ins eigene Selbst
mit aufgenommen, und die beiden »werden eins«, wie
schon in der Bibel prognostiziert. Man mag wähnen,
dass das nicht das gesündeste ist, und Verliebtheit wird

hin und wieder mit Krankheit gleichgesetzt (»Liebe macht blind«); umso erstaunlicher ist der Befund von Sozialpsychologen, die herausgefunden haben, dass Paare, bei denen einer den anderen in sich aufnimmt, desto länger zusammenbleiben, je intensiver dieses Einswerden ist.

Spielarten der Liebe

Wissenschaftler teilen ein. Auch die Liebe. Die verbreitetste Einteilung ist die in

leidenschaftliche Liebe (»passionate love«), ein emotional intensiv erlebter Zustand, in dem zärtliche und sexuelle Gefühle, Hochgefühl und Schmerz, Angst und Erlösung, Hingabe und Eifersucht in einer Gefühlskonfusion koexistieren, und

freundschaftliche Liebe (»companionate love«), das Gefühl, das wir für jene empfinden, mit denen unser Leben innig verflochten ist. Zu den Charakteristika der freundschaftlichen Liebe gehören Vertrauen, Fürsorge, Toleranz für die Macken des anderen, emotionale Wärme und Zuneigung. Leidenschaftliche Liebe vergeht mit der Zeit, freundschaftliche Liebe wächst mit der Zeit.

Eine trianguläre Theorie der Liebe

Wem diese Zweiteilung zu einfach erscheint, der mag eine »trianguläre Theorie der Liebe« vorziehen. Sie unterscheidet drei Dimensionen der Liebe: Intimität, Leidenschaft und Verbindlichkeit (»intimacy, passion, commitment«). Intimität ist das emotionale Element und beinhaltet Nähe und Austausch von Gefühlen. Leidenschaft ist das motivierende Element und beinhaltet sexuelle Anziehung und das romantische Verliebtsein. Verbindlichkeit ist das kognitive Element und verbunden mit dem Bestreben, die Beziehung zu erhalten.

Wenn man die drei Dimensionen unterschiedlich kombiniert, ergeben sich acht Typen von Liebesbeziehungen, wobei die erste eine Nichtliebe-Beziehung ist, wie die Übersicht zeigt.

Liebestyp	Intimität	Leidenschaft	Verbindlichkeit
Nichtliebe	niedrig	niedrig	niedrig
Sympathie	hoch	niedrig	niedrig
Verliebtheit	niedrig	hoch	niedrig
Romantische Liebe	hoch	hoch	niedrig
Leere Liebe	niedrig	niedrig	hoch
Freundschaftliche Liebe	hoch	niedrig	hoch
Alberne Liebe	niedrig	hoch	niedrig
Erfüllte Liebe	hoch	hoch	hoch

Liebe aus der Steinzeit – der evolutionspsychologische Ansatz

Einer der jüngsten Ansätze, Liebe und Sexualität zu verstehen, kommt aus einer sehr alten Ecke: Der Evolutionstheorie von Charles Darwin. Die Grundidee dabei ist, dass sich psychische Mechanismen ganz analog zu biologischen über Millionen von Jahren durch den Prozess der natürlichen Selektion herausgebildet haben, um das Überleben und die Fortpflanzung der Arten zu gewährleisten. Aus dieser Sicht kann das sexuelle Verhalten von Männern und Frauen neu verstanden werden.

Liebe dient demnach nur einem: Die eigenen Gene optimal weiterzugeben (s. a. S. 123). Damit sind wir bei einem sehr traditionellen Konzept angekommen, das in der katholischen Moraltheologie festgelegt ist und von vielen als rückständig angesehen wird: dass die Liebe nur zur Fortpflanzung »gut« ist. Das Gegenargument liefert die Biologie selbst: Es macht evolutionstheoretisch keinen Sinn, wenn Frauen nach der Menopause sexuell aktiv bleiben oder aktiver als vorher werden.

Es mag sein, dass die Evolutionspsychologie den Aspekt der Sexualität beschreibt, der mit Fortpflanzung zu tun hat. Der Aspekt von Sexualität, der mit Liebe zu tun hat, mit Spiel und Kultur, wird mit ihr nur unzureichend erfasst. Dazu brauchen wir andere Theorien, die soziales Rollenverhalten, Normen und das soziale Erlernen von »gender« – wie ein Mann männlich und eine Frau weiblich zu sein hat – mit einbeziehen. Noch sind keine Gene identifiziert worden, die bewirken, dass es immer der Mann ist, der die ausgebrannten Glühbirnen wechselt.

»Marmor, Stein und Eisen bricht ...«

Bislang haben wir gesehen, was passieren muss, damit zwei Menschen zusammenkommen. Das Geheimnis, das noch größer ist, lautet: Was hält Paare zusammen? Wovon hängt die Zufriedenheit in einer Beziehung ab? Dazu gibt es vier Theorien:

Die erste kommt aus der Lerntheorie: Man ist umso zufriedener, je mehr Belohnungen man erhält – in Form von Unterhaltung, Geld, Sex, Lob, Essen, Bewunderung, Streicheleinheiten, Zeit etc.

Die zweite Hypothese behauptet genau das Gegenteil: Man ist umso zufriedener, je mehr Belohnungen man dem Partner bietet, also je mehr Kosten man hat. Begründet wird diese seltsam erscheinende Idee damit, dass man bei großer Zuneigung in altruistischer Weise für den Partner sorgt, d. h. die eigenen altruistischen (im Gegensatz zu egoistischen) Bedürfnisse werden befriedigt. Oder man könnte sagen: Je mehr Aufwand man – freiwillig – für ein bestimmtes Ziel (in diesem Fall die Beziehung) auf sich nimmt, desto höher bewertet man es und desto zufriedener ist man damit (»Wir sind durch dick und dünn gegangen«).

Eine dritte Hypothese stammt aus der Gerechtigkeitstheorie. Sie geht davon aus, dass Geben und Nehmen ausgeglichen sein muss für beide Partner. Jeder soll so viel bekommen, wie seinen Beiträgen entspricht. Wer weniger erhält, als ihm zusteht, ist verärgert, fühlt sich ausgenommen. Aber auch wer zuviel erhält, ist nicht glücklich: Er fühlt sich schuldig. Je größer die Abweichung von der Beitragsproportionalität ist, desto unzufriedener werden beide und müssen etwas dagegen tun: entweder objektiv – mehr geben oder mehr nehmen – oder subjektiv durch die Auf- oder Abwertung der Beiträge des anderen (»Die Blumen hat er nur mitgebracht, um sein schlechtes Gewissen zu beruhigen, wenn er sich so viel Schnaps kauft«).

Aus der psychoanalytischen Paar-Forschung kommt die Hypothese des gemeinsamen dritten Objektes: solange beide Partner ein gemeinsames Objekt haben, sind sie zufrieden und die Beziehung bleibt stabil. Das gemeinsame »Objekt« kann unterschiedlich sein: oft sind die Kinder und die Erziehung der Kinder ein gemeinsames Objekt; manchmal kann auch ein Ziel ein gemeinsames drittes Objekt sein: der Hausbau. Gefährlich wird es, wenn das Haus abbezahlt und die Kinder aus dem Haus sind – dann ist das gemeinsame dritte Objekt verloren, und es muss ein neues gefunden werden. Das könnten die Enkel sei, es kann aber auch ein gemeinsamer »Außenfeind« sein – die undankbaren Kinder, die bösen Nachbarn, oder die Krankheit. Manche Paare wundern sich: »Kaum ist der eine wieder gesund, wird der andere von uns beiden krank. Wir wechseln uns geradezu ab.« Es wäre denkbar, dass die Krankheit das gemeinsame dritte Objekt ist, das die Beziehung stabil hält.

Für alle vier Hypothesen gibt es Unterstützung aus der Forschung, und das ist kaum verwunderlich: Paarbeziehungen sind verschieden, wie wir oben gesehen haben. Und Belohnungen, altruistische Motivation, Gerechtigkeitsbedürfnisse oder gemeinsame Ziele müssen sich als Stabilitäts- und Zufriedenheitsfaktoren nicht ausschließen – sie ergänzen sich.

Was hält Paare zusammen, mitunter ein Leben lang?

Bibliographie

Asch, Solomon
Social Psychology,
Englewood Cliffs 1952

Atkinson & Hilgard's
Introduction to Psychology,
Belmont (California) 2003

Bartlett, Frederic C.
Remembering.
A Study in experimental and
social Psychology,
Cambridge 1932

Cannon, Walter
The Wisdom of the Body,
New York 1932

Craik, Kenneth
The Nature of Explanation,
Cambridge 1943

Ebbinghaus, Hermann
Über das Gedächtnis,
Leipzig 1885

Erikson, Erik
Identität und Lebenszyklus,
Frankfurt am Main 2002

Eysenck, Hans J.
The Structure of Human
Personality,
New York 1953

Freud, Anna
Das Ich und die Abwehr-
mechanismen,
Frankfurt am Main 1997

Freud, Sigmund
Abriss der Psychoanalyse,
Studienausgabe, Band I,
Frankfurt am Main 2000

Freud, Sigmund
Drei Abhandlungen zur
Sexualtheorie, Studien-
ausgabe, Band V,
Frankfurt am Main 2000

Freud, Sigmund
Die Traumdeutung,
Studienausgabe, Band II,
Frankfurt am Main 2000

Fromm, Erich
Anatomie der menschlichen
Destruktivität,
Reinbek bei Hamburg 1983

Harlow, Harry
Learning to love,
San Francisco 1971

Hilgards Einführung in die
Psychologie, hg. von
Joachim Grabowski und
Elke van der Meer,
Heidelberg und Berlin 2001

Holmes, T. H./Rahe, R. H.
The social readjustment rati-
ing scale, in: Journal of Psy-
chosomatic Research 11,
S. 213-218

Illustrierte Geschichte der
Psychologie, hg. von Helmut
E. Lück und Rudolf Miller,
Weinheim und Basel 2002

Jung, Carl Gustav
Die Archetypen und das kol-
lektive Unbewusste, gesam-
melte Werke, Band 9/1,
Düsseldorf 1995

Kinsey, Alfred
Das sexuelle Verhalten der
Frau, Berlin 1954

Kinsey, Alfred
Das sexuelle Verhalten
des Mannes,
Frankfurt am Main 1955

Klein, Melanie
The writings of Melanie
Klein, 4 Bände,
London 1975

Kohlberg, Lawrence
Psychologie der
Moralentwicklung,
Frankfurt am Main 1996

Köhler, Wolfgang
Intelligenprüfungen an
Menschenaffen,
Berlin 1973

Kohut, Heinz
Die Heilung des Selbst,
Frankfurt 1979

Kretschmer, Ernst
Körperbau und Charakter.
Untersuchungen zum Konsti-
tutionsproblem und zur Leh-
re von den Temperamenten,
Berlin 1922

LeBon, Gustave
Psychologie der Massen,
Stuttgart 1982

Lorenz, Konrad
Das sogenannte Böse.
Zur Naturgeschichte der
Aggression,
Wien 1965

McDougall, William
Social Psychology,
New York 1908

Maslow, Abraham
Persönlichkeit und Motivation,
Reinbek bei Hamburg 1982

Milgram, Stanley
Das Milgram-Experiment.
Zur Gehorsamsbereitschaft
gegenüber Autorität.
Hamburg 1974

Nolting, Hans-Peter/
Paulus, Peter
Psychologie lernen,
Weinheim und Basel 1999

Pawlow, Iwan
Die bedingten Reflexe,
München 1972

Peale, Vincent
Die Kraft des positiven
Denkens,
Zürich 1986

Bibliographie

Perls, Fritz
Gestalttherapie,
München 1993

Piaget, Jean
Die Psychologie des Kindes,
München 1998

**Psychologie. Eine Ein-
führung. Grundlagen, Me-
thoden, Perspektiven,** hg.
von Jürgen Straub, Wilhelm
Kempf und Hans Werbik,
München 1997

**Psychologie in der Praxis.
Anwendungs- und Berufsfel-
der einer modernen Wissenschaft,** hg. von Jürgen
Straub, Alexander Kochinka
und Hans Werbik,
München 2000

Psychologie-Lexikon,
hg. von Uwe Tewes und
Klaus Wildgrube,
München ²1999

Rogers, Carl
Eine Theorie der Psycho-
therapie, der Persönlichkeit
und der zwischenmensch-
lichen Beziehungen: ent-
wickelt im Rahmen des klien-
tenzentrierten Ansatzes,
Köln 1987

Skinner, Burrhus F.
Was ist Behaviorismus?,
Reinbek bei Hamburg 1978

Spitz, René
Vom Säugling zum Kleinkind.
Naturgeschichte der Mutter-
Kind-Beziehungen im ersten
Lebensjahr, Stuttgart 1974

Watson, John B.
Behaviorismus,
Eschborn 1997

**Watson, John B./
Rayner, Rosalie**
Conditioned emotional
reactions, in: Journal of
Experimental Psychology 3,
S. 1-14

**Zimbardo, Philip G./
Gerrig: Richard J.**
Psychologie, hg. von
Ralf Graf, Markus Nagler
und Brigitte Ricker,
München 2004

Register

Register

Bildnachweis